高等院校新形态一体化系列教材

新时代大学生劳动教育

主　编　张湘宾　李玉鸿

主　审　李　珂　丁邦文　王学利

副主编　肖　丹　靳录洋

参　编　王保生　刘　粲　李雪阳

　　　　张　伟　周得华　侯德花

中国纺织出版社有限公司

图书在版编目（CIP）数据

新时代大学生劳动教育 / 张湘宾，李玉鸿主编. --
北京：中国纺织出版社有限公司，2023.5（2024.1重印）
ISBN 978-7-5229-0581-5

Ⅰ.①新… Ⅱ.①张…②李… Ⅲ.①大学生－劳动
教育 Ⅳ.①G40-015

中国国家版本馆CIP数据核字（2023）第082434号

责任编辑：顾文卓　向连英　　特约编辑：武亭立
责任校对：高　涵　　　　　　责任印制：储志伟

中国纺织出版社有限公司出版发行
地址：北京市朝阳区百子湾东里A407号楼　邮政编码：100124
销售电话：010—67004422　传真：010—87155801
http://www.c-textilep.com
中国纺织出版社天猫旗舰店
官方微博 http://weibo.com/2119887771
三河市海新印务有限公司　各地新华书店经销
2023年5月第1版　2024年1月第2次印刷
开本：787×1092　1/16　印张：11.25
字数：250千字　定价：46.00元

凡购本书，如有缺页、倒页、脱页，由本社图书营销中心调换

前言
PREFACE

随着中国特色社会主义进入新时代，我国的劳动教育也进入新的发展阶段，党和政府对劳动教育提出了新的要求。2018年，全国教育大会明确提出了把劳动教育纳入社会主义建设者和接班人的总体要求，将构建德智体美劳全面培养的教育体系提上历史历程。2019年，中共中央、国务院印发《中国教育现代化2035》，强调要弘扬劳动精神，强化实践动手能力、合作能力、创新能力的培养，培养德智体美劳全面发展的社会主义建设者和接班人。2020年3月，中共中央、国务院印发《关于全面加强新时代大中小学劳动教育的意见》，对新时代我国劳动教育进行顶层设计和全面部署，为构建新时代劳动教育体系指明了根本方向，从制度层面为新时代大学生劳动教育提供了根本保障。2020年7月，教育部印发《大中小学劳动教育指导纲要（试行）》，为大中小学开展劳动教育进行明确部署和具体规定，提出了切实可行的纲领性要求，为新时代劳动教育体系构建提供基础性保障。

劳动教育对于大学生来说，不仅可以培养劳动习惯，提升劳动素养，更能培育在未来社会生活中不可或缺的重要品格。劳动本身具有社会性，社会劳动是个体融入社会、感受集体力量的有效途径。通过共同劳动，大学生可以战胜"小我"，锤炼积极的人格素养，创造和谐的集体氛围。

《新时代大学生劳动教育》定位为普通高校通识课程教材。编者按照"以案例为导引、以问题为核心，梳理历史脉络、融入党的二十大精神、设定合理目标、弘扬时代精神"的编写思路，确定了本书的结构框架，旨在进一步推进高校大学生的劳动教育。希望通过本书的学习，大学生能够树立马克思主义劳动价值观，掌握基本的劳动科学知识，继承崇尚劳动、热爱劳动、辛勤劳动、诚实劳动的劳动精神，培育尊重劳动人民、珍惜劳动成果的情感，形成勤俭、奋斗、创新、奉献的劳动品质，成长为德智体美劳全面发展的社会主义建设者和接班人。

本书的特色：一是融入课程思政。始终贯穿党的二十大精神，将劳动内容与思政元素相结合。二是体现时代特征。针对社会服务新要求和劳动新形态，引入数字化转型、人工智能、未来劳动等要素，增进劳动科学知识，提高创新性劳动能力。三是实现学评同步。教材配备实践手册，与教材内容紧密相关，通过实践活动记录表和表现评价表引导学生完成实践任务。四是引入数字技术。教学资源丰富，实现扫码自学。实现线上、线下同步学习，既发挥教师的授课、指导、启发作用，又强化学生学习的主观性、积极性与创造性。五是突出地域特色。结合区情与学情，将胡杨精神、兵团精神、老兵精神等融入理论内涵。

本书是集体智慧的结晶，由张湘宾、李玉鸿任主编，肖丹、靳录洋任副主编，其他参与编写的人员有王保生、刘燊、李雪阳、张伟、周得华、侯德花。具体编写分工为：李雪阳负责编写第一章，张伟、张湘宾负责编写第二章，张伟、周得华、侯德花负责编写第三章，肖丹、侯德花负责编写第四章，刘燊、靳录洋负责编写第五章，王保生负责编写第六章。本书由张湘宾、李玉鸿整体策划、拟定提纲，并统筹、统稿、定稿。由李珂、丁邦文、王学利三位主审负责对全书的框架结构、编写内容进行严格把关、审核。

在编写过程中，编者查阅并运用了国内外关于劳动教育的相关理论与实践成果，在此谨向成果所有者表达诚挚的谢意！本书能够付梓，得益于新疆工程学院领导和教务处以及马克思主义学院等部门领导、同事的大力支持，在此谨深表谢忱！由于时间仓促，加之水平有限，本书难免有疏漏之处，恳请读者朋友们不吝赐教。

编 者

2023 年 4 月

目录
CONTENTS

第一章

劳动与劳动教育

劳动教育作为中国特色社会主义教育制度的重要内容，决定了社会主义建设者和接班人的劳动精神面貌、劳动价值取向和劳动技能水平。加强新时代大学生劳动教育是加快构建德智体美劳全面培养教育体系的必然要求。本章主要阐述了什么是劳动和劳动教育，简要介绍了劳动的概念、分类、本质和价值，以及劳动教育的概述、内容、发展和意义，引导大学生树立"劳动最光荣、劳动最崇高、劳动最伟大、劳动最美丽"的劳动观念。

知识导图

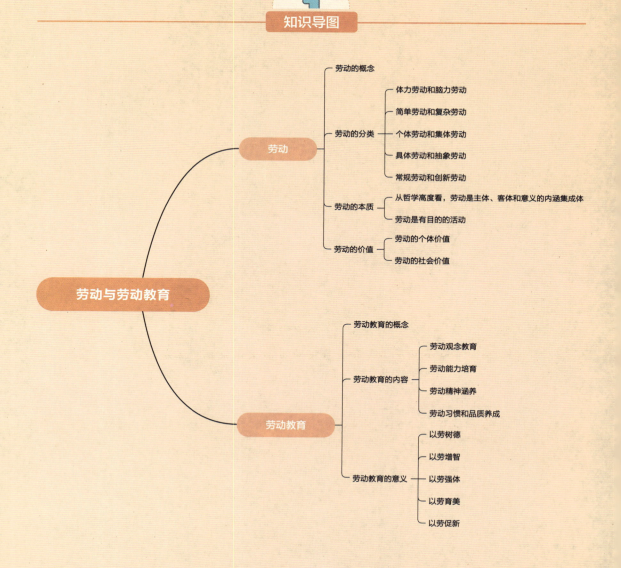

学习目标

★**知识目标：**了解劳动和劳动教育的内涵，认识劳动教育对大学生的重要意义。

★**能力目标：**养成良好的劳动习惯和品质。

★**素质目标：**树立正确的劳动观念。

案例导入

　　袁隆平院士是我国研究与发展杂交水稻（图1-1）的开创者，也是世界上第一个成功利用水稻杂种优势的科学家，被誉为"杂交水稻之父"。他一生致力于杂交水稻技术的研究、应用与推广，长期奋战在农业第一线。他冲破经典遗传学观点的束缚，成功选育了世界上第一个实用高产杂交水稻品种；带领团队开展超级杂交稻攻关，使水稻的亩产量屡创新高；长期致力于促进杂交水稻走向世界，推动杂交水稻在印度、越南、菲律宾、美国、巴西等国家大面积种植。他以稻秆为笔，倾注毕生心血，把论文写在祖国大地上，写进人民的心中！

图1-1　杂交水稻的收获

　　据袁隆平院士的学生说，很多新来的研究生都是在稻田第一次见到袁隆平院士。"袁老师经常说，电脑里长不出水稻，书本里也长不出水稻，要种出好水稻必须得下田。""下田，是他对年轻人的第一位要求，也是他自己一辈子的追求。"

　　袁隆平院士2018年获得"改革先锋"称号，2019年被授予"共和国勋章"，曾获得国家科学技术进步奖特等奖、"全国先进工作者"称号，并连续两次获得"全国劳动模范"称号。

（资料来源：编者根据相关资料整理）

思考：

1. "电脑里长不出水稻，书本里也长不出水稻，要种出好水稻必须得下田"这句话对你的学习与生活有什么启发？

　　2.请结合案例谈一谈什么是正确的劳动观？

第一节　劳动

　　劳动是指人们使用劳动资料改造劳动对象，使之适合自己需要的有意识的、有目的的活动。劳动是社会发展的基石，劳动创造了世界，创造了历史，创造了人本身，也创造了人类社会。

一、劳动的概念

　　提起"劳动"，这是人们既熟悉又陌生的概念。熟悉的是，劳动在人们身边随处可见，人人都参与劳动，社会每分每秒都需要劳动；陌生的是，劳动是一个抽象的概念。马克思说："整个所谓世界历史不外是人通过人的劳动而诞生的过程。"劳动是社会历史的核心和基础，作为人类的本质活动，更是人类实践活动的主要形式。

　　《中国大百科全书（第2版）》将劳动定义为：人类特有的基本的社会实践活动。人通过有目的的活动改造自然对象，并在这一活动中改造人自身的过程。劳动体现人与自然、人与人两方面关系的统一。《教育大辞典》将劳动定义为：劳动力的使用和消费。人以自身活动来引起、调整和控制人和自然之间的物质变换过程。制造和使用生产工具并在一定的社会关系中进行劳动，是人和动物的本质区别。《辞海》将劳动定义为：人们改变劳动对象使之适合自己需要的有目的的活动，即劳动力的支出或使用。劳动是人类社会存在和发展的最基本条件。《现代汉语词典》把劳动解释为：①人类创造物质或精神财富的活动；②专指体力劳动；③进行体力劳动。

　　马克思指出："劳动首先是人和自然之间的一个过程，是人以自身的活动来引起、调整和控制人和自然之间的物质变换的过程。"马克思主要用劳动将人与自然联系起来，从人与自然的中介角度阐述劳动概念。因此，马克思阐明了劳动的本质。

　　综上所述，劳动是人类所特有的有意识、有目的的社会实践活动，是人用自己的体力、脑力，以自身的活动调整和控制人与自然之间的物质、能量、信息的交换过程，不仅是人的生存条件和存在方式，而且是社会存在和发展的基础。

劳动箴言

　　任何一个民族，如果停止劳动，不用说一年，就是几个星期，也要灭亡，这是每一个小孩子都知道的。

　　　　　　　　　　　　　　　　　　——《马克思恩格斯选集（第四卷）》

二、劳动的分类

按照不同的分类标准，劳动可以划分为体力劳动和脑力劳动、简单劳动和复杂劳动、个体劳动和集体劳动、具体劳动和抽象劳动、常规劳动和创新劳动等类型。

（一）体力劳动和脑力劳动

根据劳动者的劳动形态，劳动可以划分为体力劳动和脑力劳动。

1. 体力劳动

体力劳动是劳动者以运动系统为主要运动器官的劳动，它是以劳动者的体力消耗为主，并且以使用手工工具为主要特征。劳动过程的主要承担者是劳动主体，劳动主体体力（或自身的自然力）的大小标志着该劳动系统中动力的大小，它决定着劳动范围的大小和效率的高低，通常被称为体力劳动。在商品经济的发展史上，这是最简单的劳动，它所创造的价值量的大小是与劳动主体的劳动时间长短呈现一定的比例关系，劳动时间的量决定了劳动价值的量，正如马克思所说："直接劳动时间的量，已耗费的劳动量是财富生产的决定因素。"

2. 脑力劳动

脑力劳动是劳动者以脑力消耗为主的劳动，其特征在于劳动者在生产中运用的是智力、科学文化知识和生产技能，作为质量较高的复杂劳动。马克思指出："整个生产过程不是屈从于劳动者的直接技巧，而是科学在技术上的应用。"劳动过程的主要承担者是劳动主体及劳动手段。劳动过程中的动力不仅取决于人的体力，更重要的是取决于借助科学在生产中的劳动手段所使用的自然力。

人的任何劳动都离不开体力和脑力的消耗，但不同的劳动在体力和脑力的消耗程度上有一定的差别。部分劳动的体力消耗大于脑力消耗，如工人的工业劳动、农民的农业劳动；另一些劳动的脑力消耗要大于体力消耗，如设计师的创新设计、科学家的科学研究。从人类劳动的演变过程来看，不同社会形态的劳动往往有着不同的重点。农业社会的农业劳动是以体力劳动为主的劳动。工业社会的劳动主要是制造业劳动，其特征是运用生产工具对初级产品进行加工，日益显现动手和动脑的社会分工。在科技与数字化飞速发展的今天，日益提升人类劳动中脑力劳动的地位、占比与作用。从个体劳动消耗来看，随着科学技术在生产劳动中的应用，劳动的体力消耗在逐步减少，对劳动者的个体素质、文化水平和专业技能的要求却在不断增加。可见劳动的技术化要求劳动者在从事劳动前要经过专门培训。

值得注意的是，体力劳动与脑力劳动二者不能孤立、片面地理解，任何劳动都包含体力消耗和脑力消耗两个方面。以港珠澳大桥建设为例（图1-2），港珠澳大桥的建造创造了600多项专利，先后攻克人工

匠心独运，巧夺天工

快速成岛、深埋沉管结构、隧道复合基础等10余项世界级技术难题，这些都是科学技术经验与创新的结晶，是脑力劳动的付出。同时，在施工期间如何将图纸落地，精准施工，将一项项专利转化为看得见、摸得着的成果，这些都是具体的体力劳动。无论是体力劳动者还是脑力劳动者都是有价值的。

图1-2　港珠澳大桥

（二）简单劳动和复杂劳动

根据劳动对劳动者知识、技能和经验的要求，以及劳动者实际耗费的体力、脑力的多少，劳动可以划分为简单劳动和复杂劳动。

1.简单劳动

简单劳动是指在一定的社会条件下，不需要经过任何专门训练、一般劳动者都能胜任的劳动。简单劳动不需要耗费大量时间进行专业训练，不需要专业的科学知识和科学技能。

2.复杂劳动

复杂劳动指需要经过专门的学习及训练，具有一定文化知识和技能的劳动者才能从事的劳动。劳动技能的掌握要经过专业训练，越复杂的劳动所要求的专业训练水平越高，例如航天飞行，除对劳动者的素质要求以外，还需要长时间非常艰苦的专业训练。

复杂劳动力的价值较高，还因为它在同样长的时间内物化为较多的价值。少量的复杂劳动可以等于自乘或多倍的简单劳动。也就是说，在相同的时间以内，复杂劳动创造的商品价值量可以成倍地等于简单劳动所创造的商品价值量。所以在相同时间内，制造航天飞机、盾构机、芯片设计等复杂劳动的价值量远大于流水线组装、拼接等简单劳动的价值量。

我国坚持按劳分配为主体、多种分配方式并存的分配制度，此处的"劳"是广义上的劳动，不仅指生产一线的直接劳动者的劳动，还有知识、技术、管理等方面的劳动，这些劳动都属于复杂劳动。相较于简单劳动，拥有丰富知识技术含量的复杂劳动在按劳分配原则下会得到更多的劳动报酬，这是按劳分配制度的应有之义，也是鼓励劳动者提高自身知识技术水平的必要之举。正因如此，劳动者才需要通过教育掌握知识与技能，提升从事复杂劳动的能力。

（三）个体劳动和集体劳动

根据劳动者在整个商品的生产、交换、消费等过程中是否具有独立性，劳动可以分为个体劳动和集体劳动。

1.个体劳动

个体劳动与集体劳动相对应，即不直接与他人发生联系的单个劳动。在小商品经济条件下，劳动者是独立的商品生产者和所有者。在生产领域，劳动者在各自的领域中从事生产活动，互相没有往来。进入流通领域，他们仍然独立地从事交换活动，随后的消费行为也是独立进行的。总之，在小商品经济条件下，每个劳动者独立地完成商品的生产、交换、消费等过程，体现个体劳动方式。个体劳动方式是小商品经济的基本劳动组织方式，它的根本特征在于劳动者的独立性和个体性。

2.集体劳动

在社会化商品经济条件下，单个劳动者已经丧失了经济过程中的独立地位，只能参与经济过程的某一部分，必须与别的劳动者协同合作才能完成商品的生产、交换、分配、消费等过程，这就是集体劳动方式。集体劳动方式是商品经济社会的基本劳动组织方式，它的根本特征在于每个劳动者的独立性和个体性的丧失，并由此形成劳动者及生产商品劳动的集体性。在集体劳动方式下进行的劳动，就是集体劳动。

集体劳动是相较个体劳动更高层次的制造商品和提供劳务的劳动，它的生产效率更高，它的生产规模更大。因此，单个劳动者已无法独立驾驭这种急剧膨胀的生产力，无法独立地把自己的劳动作用于劳动对象。正是在这种条件下，以集体劳动为外壳的企业应运而生。从家庭劳动方式过渡到企业劳动方式不仅是劳动组织规模和形式的变化、劳动量的变化，还是社会经济性质的变化。如果说自然经济社会中的家庭是一个完整的生产系统，那么现代经济中的企业则是构成社会经济系统的单个子系统。在集体劳动的背景下，我们要注意劳动的异化。其特征在于人的活动不是自主、自愿、自由的，而是因为生存或在违背自我意愿之下被迫的、强制性的劳动，要真正实现人的全面发展，就必须使其生活在一个功能丰富、价值多元的环境中。这需要有不同任务、不同技术、不同标准的劳动分工，个体的价值就不会在同质性竞争中被替代或被消耗。集体的异质性越强，个体生存和发展的空间就越大，越有时间与精力去完善自身的技能，调整自身的发展方式，进而实现全面协调发展。

（四）具体劳动和抽象劳动

生产商品的劳动具有二重属性，即具体劳动和抽象劳动。前者是人类特殊的、具体的劳动，它创造商品的使用价值；后者是一般的、抽象的人类劳动，它形成商品的价值。

1.具体劳动

具体劳动是指在一定具体形式下进行劳动，如农民种地、裁缝制衣、厨师烹饪等。具体劳动反映人与自然之间的关系，具有自然属性，是一切社会形态中都存在的永恒范畴。

2.抽象劳动

抽象劳动是指剥离了具体形式，人类一般的、没有差别的劳动。马克思通过分析指出，"如果把生产活动的特定性质撇开，从而把劳动的有用性质撇开，生产活动就只剩下一点：它是人类劳动力的耗费。"也就是说，所有的商品尽管具体劳动不同，但是它们都凝结了人类劳动力的耗费。所以，无论是种地还是制衣，都是人类劳动力的付出，从这个角度来看，它们都是耗费人类劳动力的形式。商品之所以有价值就是因为有抽象的人类劳动。可见，商品价值的实体就是一般人类劳动，即抽象劳动，抽象劳动是商品价值的唯一源泉。不同商品之所以能够交换，就是因为它们具有同质不同量的价值。

比如，一块售价5元的面包、一把售价5元的梳子，生产他们所付出的社会劳动量是相等的，也就是付出的人的综合抽象劳动相等。但生产面包的具体劳动过程和生产梳子的具体劳动过程不一样，根据具体劳动形式则无法衡量价值，只有通过对抽象劳动进行量的计算，才能得出它们的价值。所以抽象劳动就是社会劳动的一个量、一个尺度，可以体现商品的价值，而具体劳动只能体现商品的使用价值。

（五）常规劳动和创新劳动

根据劳动者在劳动过程中是否运用新技术、新方法、新知识，我们将劳动分为常规劳动和创新劳动。

1.常规劳动

基于既有的知识、技术、经验进行的劳动，被称为常规劳动。常规劳动是可以模式化、程序化、标准化和重演的惯例性劳动，可以用"社会必要劳动时间"衡量劳动价值量。

2.创新劳动

基于既有的知识、技术、经验创造出新知识、新技术、新经验，并将其运用于劳动过程、提升效率和获取效益的劳动，被称为创新劳动。创新劳动是突破惯例的思维方式、生产方式及组织方式，创造和运用全新的思维观念、科技知识、方式方法、工艺设计，节约劳动时间、降低劳动消耗和创新使用价值的劳动。

常规劳动与创新劳动是对立的统一。在一定意义上，常规劳动是对创新劳动的重复，创新劳动是对常规劳动的突破。通过创新劳动在内涵及本质上对常规劳动进行改造和提升，进行"创造性地破坏"。正因为有了创新劳动不断转化为常规劳动的上升式循环运动，人类社会才得以不断进步。

三、劳动的本质

由劳动的概念可以看出，劳动是人类社会特有的一种有目的的社会实践活动，这就是劳动的本质。

（一）从哲学层面看，劳动是主体、客体和意义的内涵集成体

马克思认为，劳动不仅是谋生的手段，更是通向客观世界与主观世界的媒介，也是实现人性至美至善、彻底自由的必由之路。劳动是自然人转化为社会人的基础，人类发展起源于社会劳动。劳动是人类基本的实践活动和存在方式，是人类生存发展的基本条件。

劳动是人之为人的内在本质规定性，是人区别于动物的内在本质属性。劳动是人类生活的第一个基本条件，从某种意义上而言，劳动创造了人。马克思在《1844年经济学哲学手稿》中说："劳动这种生命活动，这种生产生活本身对人来说不过是满足一种需要即维持肉体生存需要的手段，而生产生活本来就是类生活，这是产生生命的活动。"恩格斯在《劳动在从猿到人转变过程中的作用》一书中详细阐述了劳动在从猿进化为人的过程中的决定作用，使用和制造工具把人类社会与猿群世界区分开来。人在劳动过程中不仅创造客体性存在，而且也建构出人与人之间的社会关系。人的本质不是单个人所固有的抽象物，在其现实性上，它是一切社会关系的总和。因此，人的本质同他们的生产劳动是一致的，一切劳动都是在一定的社会关系下进行的，孤立于社会之外的生产劳动是不存在的。

（二）劳动是有目的的活动

人类的生产劳动都是有意识、有目的的活动，其试图创造出一个可以满足人类生活需要的物质世界。马克思和恩格斯所著《德意志意识形态》一书中指出："当人开始生产自己的生活资料，即迈出由他们的肉体组织所决定的这一步的时候，人本身就开始把自己和动物区别开来。人们生产自己的生活资料，同时间接地生产着自己的物质生活本身。"

生产生活资料是区分人与动物的关键。恩格斯在《劳动在从猿到人转变过程中的作用》一书中指出："一句话，动物仅仅利用外部自然界，单纯地以自己的存在来使自然界改变；而人则通过他所作出的改变来使自然界为自己的目的服务，来支配自然界。这便是人同其他动物的最后的本质的区别，而造成这一区别的还是劳动。"劳动是人在理性支配下进行的有目的有意识的实践活动，这与动物天生的本能的生命活动有着本质区别。那么，

动物界的一些活动是不是劳动？答案是否定的。小松鼠采集松子并贮藏、蜜蜂筑巢等都一种本能。人类以外的其他动物既不会制造工具，也不会自觉地改造自然界，没有改造自然的经验，它们的行为只是一种程序化的动作反射。比如，蜘蛛织网、蜜蜂酿蜜、鸭子游泳、猫捉老鼠，这些纯属它们的本能行为。只有人类社会才存在真正意义上的劳动，因为人的劳动具有明确的目的性，是人类社会存在和发展的基础。人类的劳动主要是指生产物质资料的过程，能够对外输出劳动量或劳动价值的人类运动，是人维持自我生存和自我发展的唯一手段。

四、劳动的价值

（一）劳动的个体价值

恩格斯赞美"劳动创造了人本身"，马克思则认为劳动是人类的本质活动。从猿进化成原始人，再从原始人进化为现代人，劳动始终起着不可替代的重要作用。劳动不仅让人成为人，而且让人成为更好的人。因此，劳动的个体价值体现在劳动对人的生存价值和发展价值两个方面。

1. 生存价值

生存需求是人类最基本的需求。劳动创造了人类本身，使之区别于其他动物，同时劳动也促进了人类社会的发展，满足人的生存需求是劳动的最基本价值。在古代农业社会，人类的劳动能力受到生产力水平制约，劳动的形式和内容都比较单一。当时的社会，生产工具较为简陋，需要不断地劳动，以获得满足生存需要的基础物质。打猎、捕鱼、养殖、采集等都是人类的主要劳动形式，正是这些基本的劳动，使人类的生命得以延续，这是古代社会赋予劳动的生存价值和意义。随着生产力发展，劳动由最初的简单劳动进化为复杂劳动，但劳动者依然需要通过劳动获得生存所需要的各种资源。

2. 发展价值

马克思认为，人类本质的实现是一个通过劳动而自我诞生、自我创造和自我发展的历史过程。劳动既是人本质形成的起点，也是人本质发展的基础。劳动为人的发展搭建了实践平台。在劳动的过程中，人处于不断发展与完善的状态中。劳动成果中凝聚的精神形成对劳动本身的肯定与回报，劳动是一个逐步解放的过程，劳动创造着具有人本质的、全部丰富性的人，创造着具有丰富的、全面而深刻的感觉的人。人只有劳动，才能实现发展，实现自我的价值，进而成为全面发展的人。

幸福不会从天而降，梦想不会自动成真。每一个人都必须脚踏实地、真抓实干，通过自己的劳动满足自身需求，实现自我价值。

劳动创造幸福——建设雄安的"00后"女孩

"00后"杨鑫博是中建三局三公司雄安唐河河谷郊野公园项目部的一名预算员，在一线工地负责质量安全、项目核算等工作。2000年出生的她，在与泥土打交道的过程中，享受着把蓝图变成现实的快乐，起早贪黑不辞辛苦，在劳动中创造幸福，与雄安一起成长。

（资料来源：劳动创造幸福——建设雄安的"00后"女孩.北青网）

（二）劳动的社会价值

马克思指出："人的本质不是单个人所固有的抽象物，在其现实性上，它是一切社会关系的总和。"马克思把人的本质概括为一种社会本质，确定为一切社会关系的总和。人的这种社会本质是在劳动中形成和不断发展的，因为我们每个人都是社会中的人，依附在一定的社会关系当中的。所以，人的劳动具有群体性特征，离开了人类社会，个体是无法生存的。

1. 劳动创造世界

马克思认为，构成人类赖以存在的现实世界的关键要素之一正是人的劳动，而且这种劳动并不是抽象层面的劳动，而是现实生活中人的感性物质劳动，即作为人类实践活动最基本形式的生产劳动。他还认为，劳动是区分人与动物的关键。人类的生产劳动都是有意识、有目的的活动，试图创造出一个可以满足人类生活需要的物质世界。也正是通过劳动，人类和外部世界的关系才发生了根本性的转变，原先自在意义的自然世界逐渐成为自为意义的人类世界。

2. 劳动创造历史

在马克思看来，只有人类的生产劳动才真正构成了人类历史的基础，才是解开人类历史发展秘密的钥匙。他指出：人们为了能够"创造历史"，必须能够生活。但是为了生活，首先就需要吃喝住穿以及其他一些东西。因此第一个历史活动就是生产满足这些需要的资料，即生产物质生活本身，而且，这是人们从几千年前直到今天单是为了维持生活就必须每日每时从事的历史活动，是一切历史的基本条件。由此表明，只有立足生产劳动才能真正理解人类历史的发展，只有劳动人民才是历史的创造者，而且人类创造历史的行动蕴含在日常生产劳动之中。马克思由此批判了各种独立于人的生产劳动之外的唯心主义历史观，并将劳动看作建立历史唯物主义的基石，人类历史发展的一切现实性都离不开人的劳动过程。对于马克思的这一伟大发现，恩格斯在《卡尔·马克思》一文中鲜明地指出："历史破天荒第一次被置于它的真正基础上；一个很明显的而以前完全被人忽略的事实，即人们首先必须吃、喝、住、穿，就是说首先必须劳动，然后才能争取统治，从事政治、宗教和哲学等，这一很明显的事实在历史上的应有之义此时终于获得了承认。"

总体来看，在历史唯物主义中，劳动被看作"一切历史的基本条件"和"人类的第一个历史性活动"，其既是人类历史发展的事实起点，也是整个历史唯物主义建构的逻辑起点。马克思正是通过劳动揭示物质资料生产的作用，发现了人类社会关系发展的客观规律性，并由此肯定了人的主体地位，继而发现劳动人民在历史发展中的伟大作用，这正是马克思全面建立历史唯物主义的理论准备。

不论是中国古代四大发明，还是云计算、人工智能等现代科技，都是人类劳动的结晶。人类社会经历的发展变化，都是人类劳动的结果。人类为了获得更好的生活而劳动。人们不再满足于"活着"，而是要"有质量"地生活。以互联网为代表的现代技术已经渗透到人类生活的各个方面，改变人类生活、学习和工作的方式，越来越多的劳动从线下转为线上，从体力劳动为主转为脑力劳动为主，这使得劳动改变世界。随着人类社会的不断进步，改变着更大范围、更深层次、更广领域的劳动内容，人类生活也在劳动水平不断提升的状态下朝着丰富、多元化的方向发展。

第二节　劳动教育

要办好人民满意的教育，全面贯彻党的教育方针，落实立德树人根本任务，培养德智体美劳全面发展的社会主义建设者和接班人，加快建设高质量教育体系，发展素质教育，促进教育公平。劳动教育是新时期党对教育的新要求，它是中国特色社会主义教育的重要内容，全面发展教育体系的重要组成部分，大中小学必须开展的教育活动。因此，科学认识和把握新时代劳动教育的概念、内容、发展与意义，对于贯彻党的教育方针、抓好劳动教育具有重要意义和深远影响。

一、劳动教育的概念

高校加强劳动教育是建设社会主义现代化强国、实现伟大复兴中国梦的客观需要。以劳动托起中国梦，进行伟大斗争、建设伟大工程、推进伟大事业、实现伟大梦想，进而建成富强民主文明和谐美丽的社会主义现代化强国，根本上要靠劳动者的辛勤劳动、诚实劳动和创造性劳动。

《辞海》将劳动教育定义为：对学生进行热爱劳动和劳动人民、珍惜劳动成果、树立正确的劳动态度、通过日常生活培养劳动习惯和技能的教育活动。《中国大百科全书》将劳动教育定义为：使学生树立正确的劳动观点和劳动态度，热爱劳动和劳动人民，养成劳动习惯的教育，是德育的内容之一。《教师百科辞典》中说：劳动教育就是向受教育者传播现代生产的基本知识和技能，培养他们具有正确的劳动观点、劳动习惯和热爱劳动人民、劳动成果的感情，劳动教育十分重视劳动过程中的智力因素，把平凡的劳动同创造性劳动结合起来，把简单的劳动与富有知识的劳动结合起来。《教育大辞典》从劳动教育的内容和劳动素养出发，将劳动教育定义为：劳动、生产、技术和劳动素养方面的教育，旨在培养学生正确的劳动观点、劳动态度、劳动习惯，使学生获得基本知识和技能。

中共中央、国务院于2020年3月发布的《关于全面加强新时代大中小学劳动教育的意见》中对劳动教育基本内涵的解释是：劳动教育是国民教育体系的重要内容，是学生成长的必要途径，具有树德、增智、强体、育美的综合育人价值。实施劳动教育重点是在系统的文化知识学习之外，有目的、有计划地组织学生参加日常生活劳动、生产劳动和服务性劳动，让学生动手实践、出力流汗，接受锻炼、磨炼意志，培养学生正确的劳动价值观和良好的劳动品质。

综上所述，劳动教育就是有目的、有计划地向学生传递劳动知识和劳动技能，培养学生良好的劳动态度和劳动习惯，让学生形成正确的劳动价值观和具有一定的劳动权益意识，提升学生劳动素养的教育实践活动。

案例精选

依托劳动实践涵育农业人才培养

从1999年开始，新疆农业大学组织学生开展支农劳动实践课并持续至今，学校一直把支农劳动作为实践育人的重要环节，先后有1900多个班级的近8万名学生参加。这一堂堂生动的劳动实践育人课让学生与农业、农村、农民有了更近距离的接触，也使学生在劳动中磨炼了意志、砥砺了品格、拓宽了视野，更为培养"懂农业、爱农村、爱农民"的"三农"人才奠定了坚实的基础，形成了具有新疆农业大学特色的支农文化。

9月是丰收季节农田里最火热的时候。每年9月，新疆农业大学二年级的学生都有一堂必修课，就是为期20天的支农劳动实践。这20天里，3000余名师生被分布在天山南北，走进农村、下到农田，和农民一起劳动，拾棉花、摘辣椒……体验农田劳动的辛苦与不易。

"有人抱怨支农苦、支农累，但正是它的'苦'培养了我艰苦奋斗的工作作风，正是它的'累'砥砺了我在逆境中迎难而上的坚韧品格，让我收获了成长与进步。支农劳动返校后，我从学生会普通干事到学院分团委副书记到留校成为一名辅导员，再到今天成为一名基层学院的党委书记，支农劳动带给我源源不断的精神力量。"新疆农业大学林学与园艺学院教师徐老师，分享了自己20年前参加支农劳动的苦与乐、付出与获得。

支农实践20多年来，新疆农业大学以支农劳动课作为大学生思想政治教育和承担社会服务职能的载体与结合点，打造了具有"劳动教育"特色的校园文化，锻造了一批批能力强、能吃苦、下得去、留得下、拿得起、靠得住，主动深入农村，扎根基层，用知识和汗水捍卫祖国边疆沃土的学子。学生们通过投身农村的实践锻炼，更加直观地了解了新疆"三农"现状，树立了正确的苦乐观，培养了吃苦耐劳的品质，切实体会到了劳动的价值。学生们也对农村发展、农业增效、农民增收以及推进农业农村现代化有了更多的认识和思考。

（资料来源：编者根据中国教育新闻网相关资料整理）

二、劳动教育的内容

准确把握社会主义建设者和接班人的劳动精神面貌、劳动价值取向和劳动技能水平的培养要求，全面提高学生素养，就需要从大学生的劳动观念、劳动能力、劳动精神、劳动习惯和品质四个方面入手。

（一）劳动观念教育

劳动观念教育是树立正确的劳动观念，要求大学生能够正确理解劳动是人类发展和社会进步的根本力量，认识劳动创造人、创造价值、创造财富、创造美好生活的道理，尊重劳动、尊重劳动者，牢固树立劳动最光荣、劳动最崇高、劳动最伟大、劳动最美丽的思想观念。

正确劳动观念的教育应包含以下六个方面：一是要认识到劳动的本源价值，即劳动是创造物质世界和人类历史的根本动力。劳动创造了历史，也创造了人本身。劳动不仅是人类生存和发展的前提，也是人类改造客观世界和主观世界的基础。二是要认识到劳动的经济价值，即劳动是一切社会财富的源泉。建成富强民主文明和谐美丽的社会主义现代化国家，要靠劳动、靠劳动者创造，空谈误国，实干兴邦。按劳分配是合乎正义的分配原则，不劳而获、少劳多得不义、可耻。三是要认识到新时代劳动范畴的复杂性、广泛性、多样性，切实改变轻视体力劳动和体力劳动者的错误心态，公平对待一切形式的劳动。四是要认识到劳动的精神价值。劳动不仅创造物质财富，也创造精神财富，劳模精神、劳动精神、工匠精神丰富和发展了以爱国主义为核心的民族精神和以改革创新为核心的时代精神，标定了新时代的精神坐标。五是要认识到劳动的幸福价值。劳动是幸福的源泉，要让学生懂得劳动创造幸福、劳动创造美好生活的道理，由衷地崇尚劳动、尊重劳动者，指导学生形成正确的择业观、就业观、创业观。六是要认识到劳动的教育价值。教育与生产劳动相结合不仅体现了社会主义教育的本质，而且表明只有热爱劳动、参加劳动才能实现个人的健康成长。不愿劳动、不爱劳动则会阻碍个人的全面发展。

📖 拓展阅读

数字时代为何还要开展劳动教育

日前，《中国青年报》和夸克App联合推出的《2022年轻人数字生活白皮书》（简称《白皮书》）显示，2022年度年轻人热门生活技能前5名为：做饭、收纳、移动办公、养花、自制家具。2022年，不少年轻人经历了居家生活，当独自面对生活时，一向"饭来张口"（饿了点外卖）、"衣来伸手"（打扫卫生、衣物收纳靠保洁阿姨登门）的年轻人，开始补习起做饭、收纳等生活技能，许多人真切发现了"劳动最光荣"的真谛。

也许，很多年轻人连自己也想不到，近年来在自己身上会发生这么大的变化。一些人在社交平台上晒出自己做饭、收纳的场景，还有一些人可以用捡来的垃圾打造家具，装点自己的小家。在过去，这些事情可能会让年轻人感到难为情、丢面子，而数字时代则赋予这些行为环保、节俭、自强自立的意义。更重要的是，这体现了年轻人对劳动全新的态度，也说明在人工智能时代，开展对大中小学生的劳动教育一点也不过时。

2020年3月，中共中央、国务院发布《关于全面加强新时代大中小学劳动教育的意见》，提出"紧密结合经济社会发展变化和学生生活实际，积极探索具有中国特色的劳动教育模式，创新体制机制，注重教育实效，实现知行合一，促进学生形成正确的世界观、人生观、价值观。"2022年9月新学年开学，劳动课在中小学正式成为独立课程。在劳动课程的教学规划中，教师们打破了教育空间的限制，创新利用社会实践、校内技能比拼、家庭劳动作业等进行教学探索，让学生在自然间、教室里、家庭中"解锁"更多劳动技能。

对于国家如此重视劳动教育，有部分舆论质疑：都已经进入人工智能时代了，很多体力劳动岗位在未来会被机器人替代，为何还要让学生进行体力劳动，难道学习就不是劳动吗？这是对劳动教育的片面理解。劳动教育不只是让学生进行体力劳动，而是要让学生学习家务劳动、生产劳动、服务劳动，在劳动中培养学生独立生活的技能，以及正确的劳动价值观，尊重劳动、尊重劳动者。

与年轻人已经逐渐热衷学习生活技能不同，我国有部分家长还在给孩子灌输远离劳动、不做劳动者的"有害认识"。例如，在短视频平台上就有家长以让孩子做体力劳动来体验劳动的艰苦，教育不愿意读书的孩子，而这些视频竟然还受到不少家长的追捧。可问题在于，每个孩子都会走向社会，他们不可能都上北大、清华等名校，而会成为普通劳动者，就是上了北大、清华也不意味着他们就应该过着饭来张口、衣来伸手的生活。2022年，我国高校毕业生人数达到1076万，2023年将达到1158万。这些大学毕业生已经不再是高等教育精英时代的"天之骄子"，而是劳动者，因此要以此确定自己的择业目标，进行职业与事业发展规划。

所以，这五大年轻人热门生活技能，折射出年轻人劳动价值观的变化。这是适应社会发展做出的与时俱进的调整，同时也要求我国的学校教育、家庭教育与社会教育，要及时做出从精英教育时代到普及化时代育人理念的调整。不能只关注知识教育，更要重视生活教育、生存教育与生命教育。

就此而言，《白皮书》不仅对数字行业的发展有益，有助于了解年轻人群体的变化，也可为我国教育改革与人才评价改革提供新的视角。

（资料来源：熊丙奇.数字时代为何还要开展劳动教育.北京青年报，2022-12-31.有改动）

（二）劳动能力培育

劳动能力培育是要培养大学生具有必备的劳动能力。这要求大学生能够掌握基本的劳动知识和技能，正确使用常见的劳动工具，增强体力、智力和创造力，具备完成一定劳动任务所需要的设计、操作及团队合作能力。此外，还要掌握基本的劳动维权知识，当自己的劳动权益受到侵害时，要学会利用合法方式维权。

如何使大学生具有应有的劳动能力，应包含以下四个方面：一是要认识到劳动实践的重要性。劳动的一切功能和作用都需要靠实践来完成，劳动创造历史呈现劳动实践的过程，劳动创造价值体现劳动实践的结果。二是要有目的、有计划、有组织地参与劳动实践活动。通过劳动实践活动使理论能够联系实际，在应用、检验课堂所学知识的同时又可以在劳动中收获经验，增强体力、智力和创造力。三是要掌握劳动科学知识。了解劳动相关法律法规、社会保障常识，认识到劳动者的权利与义务，做到知法、懂法、守法，能够运用法律保障自身合法权益；了解劳动者在劳动过程中存在的安全隐患、职业病及风险防范的要点，具有对自己或他人进行劳动保护的基本技能；了解劳动者在劳动中的心理健康常识；了解常见的职场心理问题及应对方法，具备一定的心理健康知识，保持积极向上的心理状态。四是要认识到未来劳动的发展趋势，培养适应未来发展的劳动能力。

（三）劳动精神涵养

劳动精神涵养是要大学生具备昂扬向上的劳动精神，这要求大学生了解劳动精神、劳模精神、工匠精神的科学内涵，自觉弘扬劳模精神、工匠精神，领会"幸福是奋斗出来的"的内涵与意义，继承中华民族勤俭节约、敬业奉献的优良传统，弘扬开拓创新、砥砺奋进的时代精神。

大学生养成昂扬向上的劳动精神，应包含以下三个方面：一是要认识到劳动精神是对劳动理念、认知和行为实践的集中体现，是我国社会主义核心价值观的应有之义，是每一位劳动者为创造美好生活，在劳动过程中秉持的劳动态度、劳动理念及其展现出的劳动者的价值表达和精神风貌。把崇尚劳动、热爱劳动、辛勤劳动、诚实劳动的劳动精神内涵作为践行劳动的切实依据。二是要认识到劳模精神是我国优秀传统劳动文化的时代结晶。劳动模范是劳动群众的杰出代表，他们身体力行践行"爱岗敬业、争创一流、艰苦奋斗、勇于创新，淡泊名利、甘于奉献"的劳模精神。三是要认识到工匠精神是对我国传统工匠文化的历史传承，它是促进劳动者就业创业能力提升，实现自身全面发展的有效途径，这是立足新发展阶段、贯彻新发展理念、构建新发展格局、促进经济高质量发展的必然要求。熟悉工匠精神"执着专注、精益求精、一丝不苟、追求卓越"的精神内涵，了解大学生如何传承工匠精神，勇于开拓创新，实现职业价值。

（四）劳动习惯和品质养成

大学生养成良好的劳动习惯和品质，让大学生能够自觉自愿、认真负责、安全规范、坚持不懈地参与劳动，形成诚实守信、吃苦耐劳的品质。珍惜劳动成果，养成合理的消费习惯，杜绝浪费行为。

大学生养成良好的劳动习惯和品质，应包含以下三个方面：一是要认识到崇尚劳动、尊重劳动，懂得劳动最光荣、劳动最崇高、劳动最伟大、劳动最美丽的道理。二是要塑造辛勤劳动、诚实劳动、创造性劳动的观念。不驰于空想，不骛于虚声，不投机取巧、坐享其成，不走近道、抄捷径，而是诚实地运用自己的全部体力与脑力，不断实现梦想并获得发展。三是要端正劳动态度，珍惜劳动果实。

三、劳动教育的意义

劳动教育是德智体美劳全面培养教育体系的重要构成，具有树德、增智、强体、育美的综合育人价值。马克思的历史唯物主义一直强调劳动创造历史、创造人本身等哲学命题；马克思主义政治经济学强调劳动价值理论，倡导按劳分配等社会主义经济原则；在马克思主义的教育思想中，培养体力、脑力全面发展的人，以及教育与生产劳动相结合等，一直是社会主义教育实践的重要指针。新中国成立以来，在社会主义教育方针以及相关教育政策中，劳动教育一直受到高度重视。可以说，劳动教育是社会主义建设事业的需要，对劳动教育的强调是社会主义教育的根本特征之一。

苏联教育理论家和实践家苏霍姆林斯基提出人的个性全面和谐发展的实现必须建立在劳动教育的基础之上，否则教育将无从谈起。"劳动，这是渗透一切、贯通一切的东西。"劳动具有强大的教育作用，它不仅是全面发展的内容，更是全面发展的基础。劳动教育应当始终贯穿人全面发展教育的全过程。

（一）以劳树德

劳动是道德之源，人类的创造性劳动是道德素养的本源，也是精神素养的基础。以劳树德，指通过劳动教育帮助大学生树立正确的思想品德，即树立正确的世界观、人生观、价值观、劳动观，坚定理想信念，践行社会主义核心价值观，崇尚劳动与尊重劳动，增强对劳动人民的感情，报效国家，奉献社会，养成良好的个人品德、职业道德、社会公德，不断提升大学生的道德素质。

1.助力养成良好个人品德

大学生正处于世界观、人生观、价值观形成的关键时期。大学阶段不仅承载着青年学生"成才"的重要任务，还承担着青年学生"成人"的重要使命。一方面，通过劳动实践，引导大学生认清劳动的本质、理解劳动的内涵，形成正确的世界观、人生观和价值观，增强社会责任感，把个人成长成才融入祖国和人民的伟大事业中，把坚定马克思主义信念、树立共产主义远大理想和中国特色社会主义共同理想作为出发点和落脚点。另一方面，通过劳动教育，增强大学生爱劳动、愿劳动、能劳动、尊重劳动的意识，培养他们尊重和珍惜劳动成果的品质，亲身体验一粥一饭之不易、一丝一缕之艰辛。在劳动的过程中，大学生可以感受劳动的艰辛，养成吃苦耐劳的品格，提高劳动能力。更为重要的是，大学生通过劳动体验感受到劳动人民的辛苦付出，逐步养成互谅互让、团结协作、明礼遵规、艰苦奋斗的良好品德，并将其内化在日常生活劳动中，养成良好的劳动习惯。

2.助力培育良好社会公德

大学生在服务性劳动教育中，感知助人为乐和服务社会的荣誉感、满足感和幸福感，体会到劳动的核心价值在于服务他人，体会到生而为人的社会价值感；见证运用自己的力量改善社会，促进社会的和谐与美好。这种获得感和成就感可以塑造大学生正向的劳动态度和情感，让大学生愿意用劳动服务他人、服务社会、服务国家。大学生在服务性劳动教育中践行以文明礼貌、助人为乐、爱护公物、保护环境、遵纪守法为主要内容的社会公德，不断实现自身的全面发展。

3.助力树立良好职业道德

劳动教育是大学生形成职业道德素养的基本途径。大学生通过课程见习、假期实习、毕业实习等劳动教育，置身劳动实践场地，参与到社会实践当中，开展职业角色体验，在职业劳动中淬炼职业道德品质，养成诚实守信、办事公道、热情服务、奉献社会等良好的职业道德，展示职业劳动精神，为正式进入社会打牢根基。大学生可以通过在职业体验中感知和学习劳动知识，观察职业者的劳动行为和劳动价值，形成职业价值感和职业认同感，寻找劳动的学习榜样，努力追随和践行，尊重劳动与热爱劳动，奋斗不息、奉献不止，锤炼高尚的职业道德品质，促进大学生职业道德的升华。职业劳动体验不仅让大学生积累职业经验，紧跟时代和社会服务需求从而夯实专业知识和技能基础，为职业准入做好准备，有助于引导大学生树立正确择业观，具备到艰苦地区和行业工作的奋斗精神，懂得"空谈误国，实干兴邦"的深刻道理，在进入职场后积极服务社会，争做新时代的奋进者、开拓者和奉献者。

（二）以劳增智

以劳增智指劳动教育可以增长大学生的专业知识，提升认知能力；增长大学生的专业技能，提升专业服务能力；增强大学生的创新意识，提高应对挑战和解决问题的能力。

1.加强对专业知识的理解

理论知识需要通过实践锻炼得以内化和升华。劳动还能为学习知识，观念和情感的形成提供真实情境。劳动能够让学生体悟"纸上得来终觉浅，绝知此事要躬行"的哲理。强化劳动实践，让大学生在实践过程中开拓视野、内化知识，体验获得知识的乐趣。

2.加强对专业技能的掌握

劳动是创造的基础。大学生在劳动中既要动手，又要动脑，可以培养大学生的创造意识和创造精神。劳动教育可以帮助大学生了解社会生产的需求和时代发展的要求，让大学生认识到提升专业技能的重要性，不断掌握和提高基本的专业技能，应对未来劳动力市场复杂多变和充满挑战的趋势，为顺利就业和创业做好准备。

（三）以劳强体

劳动不仅可以强健体魄，还可以锤炼坚强的意志品质，促进学生形成健全的人格，也是大学生成才的根基。

1.强健体魄

劳动本身具备锻炼身体的效果，劳动实践需要充分调动身体各器官的机能。同时，在劳动过程中，人的大脑必须不断思考和调整行为以达到最佳的劳动效果，真正做到手脑并用，从而达到强身健体的功效。劳动实践过程中，任何劳动方式引起的身体行动都是运动的基本形式。不仅如此，大学生在实践过程中还可以通过劳动不断增加对健康的认知，有助于提高对体育运动及其重要性的认识，从而促进其对体育运动基本知识的学习，掌握体育运动和体育锻炼的基本技能，进一步提升自身健康素养。

2.锤炼意志

青年学生要把远大志向变成现实，必须具备锲而不舍、自强不息的奋斗精神；要迈稳步子，夯实根基，久久为功；要培养奋勇争先的进取精神，历练不怕失败的心理素质，保持乐观向上的人生态度，敢于面对各种困难和挫折；要正确对待一时的成败得失，处优而不养尊、受挫而不短志，使顺境逆境都成为人生的财富。培养学生的意志品质，要帮助学生锤炼坚强的进取精神，历练不怕失败的心理素质，保持乐观向上的人生态度。

一方面，劳动能够加强身体锻炼，促进大学生的身体形态结构、生理机能健康发展；另一方面，促进大学生改善情绪，培养意志，形成沉着果断、积极向上的精神面貌。这具体表现在以下四个方面：一是发展大学生的乐观心理。大学生进行适当劳动后，排解身心压力，身心会感觉到舒畅，同时劳动过后往往会有比较显著的劳动成果，有助于大学生获得愉悦感和成就感，培养积极乐观的情绪。二是培养大学生的意志力。劳动教育在培养大学生意志品质中具有独特的作用。劳动能有效地培养大学生自尊自信、勇敢顽强、机智勇敢、吃苦耐劳、坚韧不拔的品质；集体劳动能够培养大学生遵守规则、诚信自律、文明礼貌、相互尊重、团结协作的集体主义精神和为集体荣誉奋勇拼搏的精神（图1-3）；社会服务性劳动能够培养大学生艰苦奋斗，无私奉献的社会责任精神。三是有助于大学生的心理健康。劳动实践能够使大学生的情绪得到宣泄，缓解压力。另外，大学生全身心投入到特定的劳动活动，也有助于转移注意力，帮助大学生从负面情绪中脱离出来，降低焦虑和忧郁水平。四是有助于大学生享受在劳动中运动的乐趣。劳动将体力运动与脑力运动紧密联系起来，让劳动成为身体和精神上的放松，转移日常学业压力，做到张弛有度，事半功倍。

图1-3　劳动能够培养大学生的集体主义精神

（四）以劳育美

以劳育美是指劳动教育可以培育大学生的审美观，提高人文素养，增强符合社会主义核心价值观的审美旨趣，提高大学生对美的感受力、鉴赏力和创造力，创造出美的作品。

马克思认为"劳动创造了美"，并从人的实践活动出发，认为人类通过劳动，通过"按照美的规律"生产，通过对世界的艺术进行把握，改造着自然，同时形成人们的社会生活。不仅如此，马克思还认为劳动创造了人的审美器官与审美感觉，不断丰富人的审美情感，提高人的审美能力。劳动教育实践可以让大学生深入生活中感悟美和体验美，培养正确的审美观、健康的审美情趣，启发大学生在学习和劳动中欣赏美、享受美、创造美，培养高尚的审美情操。

1.增强对美的鉴赏能力

马克思揭示人类劳动的本质及审美意义。"劳动创造美"是马克思主义美学的经典命题：一方面，劳动创造美的对象；另一方面，劳动将人改造为审美的主体。人类的劳动使得劳动自身成为审美对象，涵盖劳动过程、劳动工具、劳动组织形式、劳动场面、劳动产品等方面。因此，劳动创造了人、创造了美，也创造了劳动审美关系。

要树立劳动最光荣、劳动最崇高、劳动最伟大、劳动最美丽的理念，让尊重劳动、尊重劳动者的创造在全社会蔚然成风，形成良好的社会氛围。其中，"劳动最美丽"启发人们树立热爱劳动、崇尚劳动、赞美劳动的审美观念，在情感指向、内在体验和审美认同层面，充分肯定并褒扬劳动本质之美、劳动形式之美、劳动过程之美、劳动精神之美、劳动成果之美。

劳动美是人们在生产劳动中形成和表现的美，是社会美的最基本内容，是人自由、自觉的创造活动，是才能、智慧、品格、意志、情感等本质力量最直接、最集中的体现。劳动教育可以引导青年大学生树立正确的审美观，在各种时尚风潮中坚持自己独立的认识和选择，使大学生把握劳动者是美的主体，懂得劳动创造财富、劳动创造价值、劳动创造美、劳动推动社会进步、劳动实现伟大梦想的道理；使大学生在"明劳动之理""懂劳动之道"的基础上"悟劳动之美"。

2.提高对美的创造能力

苏霍姆林斯基说："人在自己的劳动中创造自己并理解劳动的美。"劳动教育使大学生能够在劳动中按照美的规律，形成美的意识，提高表达美的能力，创造美的文化作品，促进自我发展，建构美的生活，营造更加美好的社会。

大学生可以通过宿舍的美化劳动、日常生活中的手工制作、生产劳动中的工艺品创作等美化自己的生活，通过参加社会公益劳动美化周边的自然环境。因此，实施劳动教育可以从日常生活、生产劳动、生态环境保护等方面培养大学生对劳动的感悟，提高创造能力。

（五）以劳促新

党的二十大报告提出："创新是第一动力。"通过劳动教育，构建大学生认知世界的方式，培养大学生的探索精神、创新能力、实践经验，锻造大学生的观察、分析、判断、解释、评价、预测、想象、创新、综合等众多人工智能时代不可替代的关键能力。

1.增强创新意识

创新是人类社会发展的不竭动力，更是人类不断进步的根本原因。建设中国特色社会主义现代化强国，要大力实施创新驱动发展战略，将经济发展与科技创新紧密结合。这对我国培养人才提出了新的更高要求，即不仅要有扎实的专业知识和技能，还要有较高的自主创新能力，能适应新时代发展需要。劳动教育促使大学生在劳动中发现问题并创造性地解决问题，自主形成创新意识，提高创新能力，挖掘创新潜力，让大学生在做到学以致用的同时产出创新性劳动成果，最终成为自主创新能力高的新型劳动人才。

2.提高创新能力

大学生在实习、实训等劳动实践过程中，能够不断激发创新能力。他们在累积学术知识的基础上，凭着敏锐的观察力发现日常社会问题，并积极发挥主观能动性，利用已有的理论知识、技术能力和创新意识分析问题和解决问题，弥补日常生活生产过程或现有硬件设备、生产工艺、实验方法流程中的不足，提供更加有效的产品或者方案。科学技术的发展迫切要求大学生吸收并运用新的科技知识，提高科技创新能力，以适应现代化的需要。劳动教育有利于大学生掌握并运用相关知识和技能，形成劳动智慧，激发创新思维和创新能力。

　　总而言之，劳动教育是大学生实现全面发展最基本和最有效的途径，也是大学生实现自我价值，拥有获得感、幸福感、安全感的根本途径。劳动可以帮助大学生树立正确的思想道德观念，养成优秀的品格，以树德；劳动可以让大学生在劳动过程中形成创造力，培养独立思维，以启智；劳动可以让大学生强健体魄，促进身心发展，以健体；劳动可以让大学生发现美、创造美，以育美；劳动可以让大学生拥有探索精神、创新能力、实践经验，以促新。学校要努力构建德智体美劳全面培养的教育体系，形成更高水平的人才培养体系。只有德智体美劳全面发展，才能培养出全面且高水平的人才。

课后思考

　　请结合实际谈一谈让你印象深刻的劳动教育活动，并说一说这次劳动教育活动给你带来了哪些收获？

实践活动

　　具体内容见《新时代大学生劳动教育》实践手册的"实践任务一""实践任务二"。

第二章

中华优秀传统劳动文化

中华民族是世界上最伟大的民族之一，具有五千多年的文明史。中华民族在长期发展过程中，形成了许多优秀的劳动品质，其中"勤劳善良、艰苦朴素"成为一种文化基因深深地嵌入了中华民族生生不息的血脉之中。本章主要讲述了中华优秀传统文化中所蕴含的勤俭、奋斗、创新、奉献等精神品质的核心内容、精神实质和当代价值。通过本章的学习，理解中华优秀传统文化中所蕴含着丰富的劳动文化，感悟中华优秀传统文化中所呈现出的劳动精神，传承中华优秀传统文化中所展现出的劳动品质，从而积极投身劳动实践。

知识导图

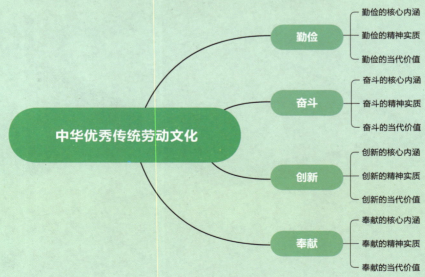

◎ **学习目标**

★**知识目标：**挖掘中华优秀传统文化中蕴含的丰富劳动文化资源，理解中华优秀传统文化中"勤俭""奋斗""创新""奉献"的核心内涵、精神实质、当代价值。

★**能力目标：**感悟中华优秀传统文化中的劳动品质，汲取古代劳动人民的智慧，形成正确的人生观、世界观、价值观。

★**素质目标：**传承中华优秀传统文化中的劳动精神，推动劳动文化真正融入学生生活，树立劳动最光荣、劳动最崇高、劳动最伟大、劳动最美丽的理念。

案例导入

材料一

在几千年历史长河中，中国人民始终辛勤劳作、发明创造，我国产生了老子、孔子、庄子、孟子、墨子、孙子、韩非子等闻名于世的思想巨匠，发明了造纸术、火药、印刷术、指南针等深刻影响人类文明进程的伟大科技成果，创作了诗骚、汉赋、唐诗、宋词、元曲、明清小说等伟大文艺作品，传承了《格萨尔王传》《玛纳斯》《江格尔》等震撼人心的伟大史诗，建设了万里长城、都江堰、大运河、故宫、布达拉宫等气势恢宏的伟大工程。这些都离不开劳动人民勤劳、奋斗、创新的劳动品质。

材料二

在几千年历史长河中，中国人民始终心怀梦想、不懈追求，我们不仅形成了小康生活的理念，而且秉持天下为公的情怀，神农尝草、夸父追日、精卫填海、愚公移山等我国古代神话深刻反映了中国人民勇于追求和实现梦想的执着精神。

思考：

1. 中华优秀传统文化中有哪些劳动品质？
2. 新时代的今天，这些劳动品质有没有过时？为什么？

党的二十大报告指出，"统筹推动文明培育、文明实践、文明创建，推进城乡精神文明建设融合发展，在全社会弘扬劳动精神、奋斗精神、奉献精神、创造精神、勤俭节约精神，培育时代新风新貌"。中华优秀传统文化是国之瑰宝，是文化自信的重要来源。勤俭美德既是在中华民族繁衍生息、发展壮大的过程中孕育出来的文化信念，又是为世世代代的中华儿女所传承不辍的优秀文化传统。"勤俭永不穷，坐食山也空"，从古至今，艰苦奋斗，勤俭节约是中华民族的传统美德，历来为国人所提倡。

党的二十大报告强调："坚持和发展马克思主义，必须同中华优秀传统文化相结合。"新时代坚持和发展马克思主义，必须同中国具体实际相结合，同中华优秀传统文化相结合。

中华民族是一个勤劳勇敢并且充满智慧的民族，创造了灿烂的中华文化，谱写了光彩夺目的中华文明。中国人民和中华民族创造的优秀传统文化中蕴含着丰富的劳动品质。

● 第一节　勤俭 ●

　　勤俭是中华民族的优良传统，是人类在长期与自然和谐相处中积淀的传统美德。勤俭不仅是一种操守，而且是一种品行，更是一种素养。勤俭治邦，才能国富民强；勤俭持家，方能家殷人足；勤俭修身，方谈德行兼备。弘扬勤劳节俭的美德，能够形成良好的社会风气，树立新风尚，同时形成勤俭节约、绿色健康的生活方式。

一、勤俭的核心内涵

　　勤俭是中华民族的传统美德，承载着人们的个人修养、政治素养与道德规范的价值导向，这是人们"修身""治家""兴邦"的基础。勤俭是在中华民族长期的物质生产实践中逐渐形成和发展起来的，其始终伴随着中华文明的发展与繁荣。先秦时期是中国历史上的文化繁荣时期，是勤俭思想的萌芽时期。勤俭的核心内涵主要包括，勤俭可以兴邦，勤俭可以治家，勤俭可以修身。

　　第一，勤俭可以兴邦。国之兴，不仅需要夜以继日的"勤"，也需要一针一线的"俭"，戒骄戒奢、方可兴邦。古人把勤俭的精神当作"治国平天下"的道德规范，一个国家能否长盛不衰，勤俭是极为重要的因素之一。纵观历史，往往是盛世长歌还未吟唱几代，便因为骄奢淫纵导致王朝破败。例如，商纣的酒池肉林、周幽王的烽火戏诸侯，哪怕是盛如唐朝，也是在歌舞升平的丝竹管弦中迎来了长达8年的"安史之乱"，并最终走向灭亡。历史上骄横奢靡的腐化行为导致亡国的教训不胜枚举。这充分说明，唯有兢兢业业、勤俭治国，方可保持盛世不衰、国邦兴旺。

　　第二，勤俭可以治家。"兴家犹如针挑土，败家好似浪淘沙。"勤俭是中华民族持家治家的基本准则，治家不仅要勤劳，也要节俭，否则即使积攒下千万家业，也总有一天会被挥霍殆尽。故流传有"黄金本无种，出自勤俭家""如果只勤不俭，等于有针无线""大吃大喝眼前香，细水长流幸福长""绳从细处断，家因节俭富""粮收万担，也要粗茶淡饭"等俗语，这些都在告诫人们，不管家庭条件富裕与否，都要时刻保持勤俭持家的优良传统，要把勤俭作为一种高尚的品格和情操加以传承。

　　第三，勤俭可以修身。"劳则思，思则善心生；逸则淫，淫则忘善，忘善则恶心生。"勤俭不仅于国于家大有裨益，而且与个人的得失也休戚相关。经过辛勤劳动，才能体会到成果来之不易，才会懂得勤俭节约；如果一味安逸享乐，便不懂得珍惜和爱护。所以，勤俭是养成其他美好品德的基础，要想"兴邦、治家"，就要厉行勤俭，从而以"善心"体察和对待身边的万事万物。对于个人而言，"静以修身，俭以养德"，以勤俭涵养人的德行。对于国家和社会而言，"民生在勤，勤则不匮"，以勤俭引导正确的社会风气，创造更多的社会财富和价值。

二、勤俭的精神实质

中华民族自古以来就以勤劳节俭而闻名于世。对于个人来说，勤俭能够涵养良好的道德品格；对于官员来说，勤俭能够滋养廉政官德；对于国家来说，勤俭能够筑牢治国安邦的根基。

（一）勤俭造就道德品格

儒家主张"温、良、恭、俭、让"，其中的"俭"包括节俭的思想内涵，并作为判断个人道德水准的基本准则。老子（图2-1）认为勤俭节约的生活可以使人们积累财富，也是自我的道德约束，还是培养自身内在修养的方式。勤俭节约是一种积极向上的道德力量，可以促进人们的全面发展。

图2-1 老子雕像

（二）勤俭滋养廉政官德

孔子一生推崇勤俭廉政。在儒家思想中，"廉"乃为政之本，为"八德"之一，居于官德之首，官廉则政举，官贪则政危。孟子与孔子的勤俭思想一脉相承，但孟子的勤俭思想中蕴含着民本思想，他一贯主张"仁政"，要满足广大人民不同层次的欲望和要求。勤俭节约的作用在于提醒领导干部要秉持廉洁奉公的原则，用节俭美德严格约束自己的行为。

（三）勤俭筑牢治国安邦

古人有云"历览前贤国与家，成由勤俭破由奢"，这是人们从家族兴衰、社稷兴亡、朝代更替的历史教训中得到的深刻警示。中华民族的先民已经充分认识到"勤能补拙，俭以养廉""忧劳可以兴国，逸豫可以亡身"，因此形成了勤奋、节俭等美德，提倡忧心勤苦，反对安逸享乐。

三、勤俭的当代价值

勤俭节约、艰苦奋斗的优良传统，是我们党一路披荆斩棘、发展壮大的重要保证。弘扬勤劳节俭的传统美德有助于形成良好的社会风气，树立社会新风尚，还能够形成勤劳节俭、绿色健康的生活方式。

要在全社会营造勤俭节约的绿色健康生活方式，要从思想上和行动上着手。首先，在思想上牢固树立"浪费可耻、节约光荣"的理念，并意识到铺张浪费、奢靡挥霍不仅是对人类所创造物质财富的糟蹋，更是对勤俭节约、艰苦奋斗精神的侵蚀，甚至影响社会风气。其次，在行动上，应该自觉地践行勤俭节约的生活习惯，严格要求自己，从小事着手，注重习惯的养成，形成勤俭节约的绿色健康生活方式。

● 第二节　奋斗 ●

中华优秀传统文化中蕴含着浓厚的奋斗底蕴。奋斗是中华民族生生不息、发展壮大的精神密码，也是中华民族屹立在世界东方的精神力量，更是中华民族创造光耀世界文化的精神动因。

一、奋斗的核心内涵

中华民族的奋斗精神内涵深刻、外延广阔，立意深远，发人深省，启示人生。奋斗精神是中华民族的优良传统和精神标识，是推动中国历史发展的精神力量。在中国古代物质生产实践、政治活动实践、文化生产实践中形成的中华民族奋斗精神融汇于民族文化之中。

中华传统文化博大精深，绵延不断，其中体现奋斗精神的文化不胜枚举。例如，"天行健，君子以自强不息"的个人奋斗精神，"天下兴亡，匹夫有责"的国家奋斗精神，"春蚕到死丝方尽，蜡炬成灰泪始干"的恪尽职守精神。

（一）"天行健，君子以自强不息"的个人奋斗精神

中华民族是一个不甘于现状，不断追求进步的民族。千千万万中华儿女，勇于改变命运，大胆和命运抗争，为了实现人生理想可以数十年如一日地坚持奋斗。他们坚持为实现人生理想而奋斗，并乐在其中。

《孟子》中"天将降大任于斯人也，必先苦其心志，劳其筋骨，饿其体肤，空乏其身，行拂乱其所为也，所以动心忍性，曾益其所不能"，这些体现了为实现个人理想不畏艰难困苦、持之以恒的奋斗精神。

（二）"天下兴亡，匹夫有责"的国家奋斗精神

家国情怀是刻在中华儿女骨血里的优良品质，也是中华传统文化中重要的内容之一。历史上无数中华儿女为争取民族独立、国家繁荣富强而努力奋斗。

出自《史记·夏本纪》中"大禹治水，三过家门而不入"，指大禹在治水过程中，三次经过家门，而拒绝妻儿召唤的故事。大禹治水的故事充分体现了为了一方百姓的平安，舍小家为大家忘我奋斗的感人故事。中国民族历来被无数不怕牺牲、敢于拼搏、为国为民而努力奋斗的人保护着。

（三）"春蚕到死丝方尽，蜡炬成灰泪始干"的恪尽职守精神

奋斗精神不仅体现在轰轰烈烈的大事件上，也可以诠释在平凡的岗位上。

新中国建设时期，中国人民解放军战士雷锋用他的一生诠释了"用有限的生命无限地为人民服务"。"雷锋精神"是以雷锋的爱岗敬业、恪尽职守为基本内涵，随着时代的发展不断丰富的新时代奋斗精神。同样，中国石油工人王进喜把一生都献给了石油事业。1958年，他领导的钻井队被授予"钢铁钻井队"荣誉称号；1966年，王进喜又被称誉为"铁人"。"党的好干部"焦裕禄身患癌症仍坚持在一线防风固沙，一心为改变兰考县贫穷落后的面貌而奋斗。焦裕禄用自己的实际行动，铸就了亲民爱民、艰苦奋斗的"人民好公仆"形象。

无数的中华儿女都在各自的岗位上默默坚守并忘我地奋斗，推动着我国社会主义事业蓬勃向前发展。

二、奋斗的精神实质

中华民族是一个历史悠久的民族。在五千年的历史文明进程中，奋斗思想一直贯穿其中，并且随着时代的发展，奋斗的内涵也在不断发展和丰富。奋斗是中华民族的优良传统，在不同时代赋予奋斗精神不同的精神实质。奋斗的本质在于实践、劳动和创造，个人、社会、民族通过辛勤劳动创造、延续和发展人类文明。

（一）奋斗展现了积极进取的精神

"天行健，君子以自强不息。"中国人流淌着奋斗进取的血液，这是一种积极的自我超越的精神状态。中华民族的发展史就是无数个体不断自我超越的奋斗史，是每个个体完善自身的活动，并在这个过程中使能力得到提升，个体价值感逐渐凸显，从而具备改造社会的责任感和勇气，推动社会不断向前。

奋斗进取精神引领积极主动的自我完善行动，并对实现目标道路上的困难和阻碍具有天然的抵御力量，具备这种精神状态的人，能够产生积极主动的行为。

勤劳勇敢的中国人民在面对困难时展现出自强不息的奋斗精神，如出自《列子·汤问》中的《愚公移山》，作为我国古老的寓言故事彰显了中华优秀传统文化中不畏艰辛、矢志

不渝、团结奋斗的精神。

（二）奋斗表现了攻坚克难的精神

"千磨万击还坚劲，任尔东西南北风。"奋斗精神是一种攻坚克难的精神。人类的奋斗是为了改造世界，无论是改造客观世界还是改造主观世界，首先都要具备排除万难的意识，体现为攻坚克难的精神担当。因为改造世界并不是轻而易举的事情，总是会遇到各种各样的困难和考验。

攻坚克难精神是克服畏难情绪的法宝，是实现改造世界目的的精神动力，它指引着普通劳动者突破学业与事业发展困境，科技工作者突破技术瓶颈，是一个国家从弱小走向强大、从贫穷走向富裕、从落后走向先进的强大精神动力。在中华民族发展进程中，先民的农耕文化展现了中华民族不畏艰辛、辛勤劳作的生产生活方式，奠定了中华民族崇尚奋斗的民族基因。

（三）奋斗体现了苦干实干的精神

"空谈误国，实干兴邦。"奋斗精神的价值最终要体现在人们改造世界的实践之中。

奋斗精神是一种苦干实干的精神，将价值判断予以直接现实性的表达，并分为三个层次：一要肯于吃苦流汗，身体力行地改造客观世界；二要寻求事物发展的客观规律，顺势而为，掌握科学的方式方法，提高行动效率；三要创造性改造客观世界，在改造世界的过程中创造人类幸福的更大可能性。中华民族遵循客观规律，发扬敢于吃苦的精神，从实际出发改造世界，这是苦干实干精神的最佳体现。

三、奋斗的当代价值

奋斗是中华民族的基因。中华民族具有悠久的历史和灿烂的文明，悠久的历史是奋斗的历史，灿烂的文明是奋斗的结晶。在新时代，奋斗仍具有重要的意义，仍需培育奋斗精神，争做时代新人；发扬奋斗精神，展现青年良好形象；赓续奋斗精神，凝聚青年力量。

弘扬奋斗精神，要求大学生具备爱国奋斗不私干，艰苦奋斗肯苦干，创新奋斗不蛮干，团结奋斗不单干，永久奋斗不停干的精神。大学生要爱国奋斗，就要进行自我设计、自我奋斗，跳出小我、融入大我，做到不狭隘；要艰苦奋斗，就要走出"舒适区"，挑战"不可能"，敢于吃苦、肯吃苦；要团结奋斗，就要正确认识"独行快，众行远"，不做"孤勇者"，勇做担当者；要永久奋斗，就要正确认识"一阵子，一辈子"，做有理想有目标的时代青年。

● 第三节 创新 ●

在中华文明历史长河中，劳动人民善于辛勤劳作与发明创造。比如，闻名于世的思想巨匠老子、孔子；中国古代四大发明造纸术、火药、印刷术、指南针；丰富的文学宝库诗骚、汉赋、唐诗、宋词、元曲、明清小说；震撼人心的史诗《格萨尔王》《玛纳斯》《江格尔》；气势恢宏的工程万里长城、都江堰、大运河、故宫、布达拉宫等。这些都展现出中华民族具有伟大的创新精神。

一、创新的核心内涵

我国是一个多民族国家，各族劳动人民用自己的聪明才智和辛勤的劳动创造了丰富多彩物质文明和精神文明。在中华文明发展史中，创新精神主要表现在刚健进取的自强精神、革故鼎新的变易思想、兼容并蓄的整合思想等方面。

（一）刚健进取的自强精神

刚健进取的自强精神是中华民族创新精神的不竭源泉。翻阅中国古典著作，如"天行健，君子以自强不息"（《周易·易传》）、"苟日新，日日新，又日新"（《礼记·大学》）、"在天成象，在地成形，变化见矣"（《周易·系辞》）、"易穷则变，变则通，通则久"（《周易·系辞下》）等，正是对中华民族刚健进取、自强不息精神的集中概括和生动写照，表现为不断进取与创新的人生价值。

案例精选

"地下长城"坎儿井

在我国漫长的历史演进中，新疆各族人民同全国各族人民一道，共同为建设祖国的锦绣河山添砖加瓦，共同创造了悠久的中国历史、灿烂的中华文化。在这个过程中，新疆各族人民发挥聪明才智，创造了中国古代三大工程之一的"坎儿井"（图2-2）。

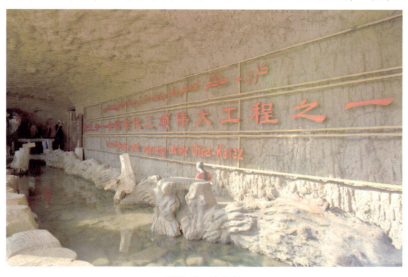

图2-2　坎儿井

无论是游牧还是农耕，水都是决定一切的资源。新疆是地球上离海洋最远的地区，干旱高温，降雨量稀少且极不均匀。迪坎儿村，是今天的旅行者进入罗布泊前最后的村落。古老的坎儿井给那里带来了珍贵的水源。只要有了水，宁静恬淡的生活就可以让时间在这里凝固。坎儿井是全靠人工挖掘的地下河流，形成供水系统。坎儿井的水大多来自冰川融雪形成的地下河，在坎儿井的特殊保护下，井水流淌数十公里，依然可以保持清凉。坎儿井减少了水在地面的蒸发，对地表破坏很小，因而有效地保护了自然资源与生态环境。

　　如果没有坎儿井，被称为"火州"的吐鲁番盆地，或许早已是另一番模样。坎儿井体现了我国人民与自然和谐共存的智慧，是对人类文明的一大贡献。

（资料来源：编者根据相关资料整理）

（二）革故鼎新的变易思想

　　中华传统文化中蕴含着丰富的变易思想，展现出蓬勃的创造活力。《周易·系辞下》曰："通其变，使民不倦；神而化之，使民宜之；易，穷则变，变则通，通则久。"这实际上反映了中国古代的一种创新思维。千百年来，这种革故鼎新的变易思想成了人们倡导变法、力主创新的理论依据，成了不同时期的思想武器，中华民族因而不断变革现实，焕发勃勃生机。

　　战国时期的变法运动，推动中国的社会形态由奴隶制向封建制转换；两汉时期的文化建国运动，确立全新的政治和文化制度，革新中国的文化形态；近代以来的洋务运动、戊戌变法、辛亥革命、五四运动尽管有程度、目的、性质上的不同，但都是对旧有制度、传统和思维的革新，都对中国的社会与文化进步产生积极作用。

　　中国文化的变易性产生无穷创造力，使中国文化高峰迭起，源远流长。及至今日，我们为追赶世界范围内的现代化潮流而进行改革开放，从真理标准的讨论开始到农村经济体制改革的起步，再到推进全面深化改革取得惊人成效，正是源于这种创新不息的变易精神。

（三）兼容并蓄的整合思想

　　兼容并蓄的整合思想是传统文化创新的思想基础。因不同地区劳动方式的差异，使得中华文化呈现出多元化状态，如齐鲁、巴蜀、荆楚、吴越、岭南文化各呈异彩，中华民族以"君子以厚德载物"为代表的海纳百川的非凡气概使其兼收并蓄，涵容异质，实现了多元文化的整合。这种"和而不同"的整合思想表现在文化价值观方面，提倡在主导思想的规范下，不同类型、不同民族之间的思想文化交相渗透、兼容并包、多样统一。

　　又如，儒家（图2-3）、道家、法家等各类学派的思想及传入中国的佛教文化，相互吸收、相互融合，又和各少数民族的思想文化相互交融，逐渐融合为恢宏磅礴的中国传统文化。正是在这种多元文化的交融与整合中，中华民族不断获取综合创新的活力，从而不断实现自身的创新性发展。

图2-3　儒家代表人物孔子的雕像

二、创新的精神实质

在中华优秀传统文化中，从先民们的结绳记事到印刷术的发明，从利用龟甲兽骨记载文字到造纸术的发明，从刀耕火种到火药火器的发明，从通过辨别日月星辰确定方向到指南针的发明等，创新为人类的进步、为世界文明的发展作出了卓越的贡献。

（一）吐故纳新，与时俱进

几千年来，中华民族面对纷繁复杂的社会现状，一直力主变革创新以适应时代的发展要求，使中华文明屡屡焕发勃勃生机。

战国时期的改革家商鞅提出"不必法古""反古者不可非"，反对守旧复古，认为社会制度是随着社会的变化而变化的。他积极主张变法、提倡创新，并且在秦国为自己的变法思想进行政治实践。商鞅变法的成功，证实创新的必要性和正确性。此后，韩非子继承商鞅的思想，提出"世异则事异，事异则备变"的历史发展理论，进一步丰富我国古代的创新思想。韩非子认为时代在变迁，客观环境在变化，治国之道理所当然地要改变，这就需要创新。

因循守旧、故步自封实不可取，不断进取、与时俱进才是永恒的生存法则，才能适应社会历史变迁的客观规律。

（二）包容和合，兼容并蓄

创新需要不同的思想观念之间碰撞交流，需要在古今中外文化基础上综合超越。例如，春秋战国时期的"百家争鸣"，曾经造就中国文化的"百花齐放"盛况，奠定中华文化的根基。

在中国历史上，张骞出使西域，不仅带去丝绸、铁器，也把西域文化传入中原地区；唐朝时期国力强盛，对于异域文化表现出广收博采的宽宏气度。即使外族入侵、民族危难时刻，国人亦能审时度势，"开眼看世界""师夷长技"，近代以来有无数思想先进的中国人向西方寻求救国救民真理。这表明中华文化自古就有开放精神和兼容并包的博大胸怀，展现出吸收各种异质文化并使之与本民族文化相结合的特性。

（三）自强不息，刚健有为

历史悠久、灿烂辉煌的中华文明体现了中华民族伟大的创造性和生生不息的创造精神，它们都深深植根于中国传统文化的精髓之中。

创新并非一帆风顺、一蹴而就，而是一个不断尝试的过程。在这个过程中，自强不息和刚健有为的精神至关重要。只有具备这样的精神气质，创新主体才能在面对传统习惯和旧势力时迎难而上、勇往直前、顽强拼搏、百折不挠、屡败屡战，勇于克服挫折和困难，最终走向成功。

三、创新的当代价值

劳动人民在辛勤劳动创造美好生活的同时，也发挥聪明才智创造了举世瞩目的中华文明。创新是我国进步发展的不竭动力，这是中华民族最鲜明的禀赋，是我国改革开放的生命，决定着科技未来的发展。

当代中国，创新驱动发展战略深入推进，创新型国家建设成果丰硕，"蛟龙""北斗"（图2-4）"天宫""天眼""墨子""悟空"等一大批科研成果相继问世，港珠澳大桥、北京大兴国际机场更是引人瞩目，中国人民的创造精神和创新活力前所未有地迸发出来。

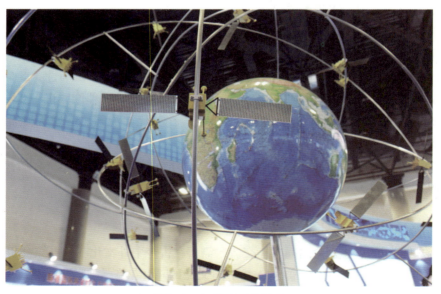

图2-4　北斗导航系统模型

创新是我国改革开放的生命，这是辩证唯物主义和历史唯物主义世界观和方法论在我国改革开放实践中的证明和体现，既是创新的历史规律，也是改革开放的哲学基础。在改革开放的起点上，强调创新是改革开放的生命，勇敢推进理论创新、实践创新、制度创新、文化创新各方面创新，为了让中华民族在历史进程中积累的强大能量更加充分地爆发，为实现中华民族伟大复兴提供势不可挡的磅礴力量。

● 第四节　奉献 ●

从一般意义上讲，奉献是一种主动的、自愿的、不计回报的，并且可以牺牲自身利益的给予或付出。从本质上讲，奉献是个人或集体为了某种更高的价值而自愿放弃自己的部分权利和利益的行为。奉献既是一种高尚的情操，也是一种平凡的精神；既表现在国家和人民需要的关键时刻挺身而出、慷慨赴义，也融会和渗透在人们日常的工作和生活中。

一、奉献的核心内涵

奉献是中华传统文化的道德内核，一直被作为主流文化传承，而且一直被人们所推崇和赞扬。奉献的核心是处理好人与社会的关系。奉献是一种纯洁高尚的道德义务关系，同时也是为了实现某一理想而不顾个人利益的自我牺牲精神。

（一）奉献是道德义务关系

奉献是个人与他人、集体、国家之间存在的一种纯洁高尚的道德义务关系，是评价人生价值的基本标准之一。通俗意义上讲，奉献是一种爱和责任，是自愿地为社会、集体、他人服务以及作出贡献的行为表现。从这个层面上说，奉献并不是高不可攀的，相反，它是生活中一个小小的举动。如在拥挤的公交车上给老奶奶让座；关紧正在滴水的水龙头；捡起地上的纸屑并把它扔进垃圾桶里等。这些看似微不足道的事情其实就是奉献精神。大学生作为新一代的接班人，更应该做实践奉献精神的表率。

（二）奉献是自我牺牲精神

奉献是一种自我牺牲精神，为了实现某一事业或理想，不顾个人得失，抛弃自己的利益，甚至牺牲生命的精神。其核心是个人与社会的关系问题。它属于历史范畴，不同时代、不同阶级对其有不同的理解与要求。

"春蚕到死丝方尽，蜡炬成灰泪始干""粉身碎骨浑不怕，要留清白在人间""鞠躬尽瘁，死而后已""采得百花成蜜后，为谁辛苦为谁甜"这些耳熟能详的诗句等都体现出无私奉献的精神。

二、奉献的精神实质

中华民族的奉献精神在几千年的历史长河中传承嬗变，具有延续力。其精神实质虽因时而异，但始终切近时代脉搏，反映社会风貌，冲洗和陶铸着一代又一代的灵魂，在历史上谱写了无数名垂青史的乐章。

（一）奉献是一种高尚的道德品质

古代的先贤、现代的英雄、当今的模范，他们都有着无私奉献的高尚道德品质。例如，"留取丹心照汗青"从容就义的文天祥；28岁不惧生死为了革命英勇牺牲，写下"砍头不要紧，只要主义真"的夏明翰；"心中装着全体人民，唯独没有他自己"的焦裕禄；"生为人民生，死为人民死"的雷锋等。在他们身上都体现了艰苦奋斗、牺牲奉献的高尚品质。

奉献既是一种高尚的道德品质，更是大学生在平凡生活中热情服务、助人为乐、爱心善举的体现，具有高度实践性的精神形式。大学生的奉献不需要总想着干大事、做大的贡献，也不能自不量力、蛮干傻干，超出自己的能力范围。大学生需要立足实际，从当下的点滴做起，全心全意、尽心尽力，在平凡的小事中，以微薄的力量为祖国和人民作出贡献。

（二）奉献是一种价值取向

人生价值包括自我价值和社会价值。自我价值主要是通过劳动满足自身物质和精神的需要；社会价值主要是通过自己的劳动，对社会、他人作出贡献。这两种价值都必须在服务人民、奉献社会的过程中才能实现，并且对人生价值的评价标准是看他在劳动过程中对社会和他人所作贡献的大小。在人生价值取向多样化的今天，人们对于奉献也有着不同的态度，奉献不是一句简单的口号，体现正确的人生观、价值观。有些人将自身的利益放在首要位置，更有少部分人见利忘义、唯利是图。人生观决定了价值观及价值取向，高尚的人生观引导人们将奉献当作人生的价值追求，把奉献看作个人利益，必要时甚至可以牺牲自己的生命，选择在奉献中实现自我价值。新时代青年应确立坚持忠诚奉献、勇于担当、无私为民的价值取向。

三、奉献的当代价值

中华民族自古就有奉献的优良传统，同时又在长期实践中不断发展。奉献的意义深远，它既是国家兴旺发达的精神动力，也是提高社会效益的有力保障，更是个人发展必备的精神品质。

奉献是中华民族在长期实践中形成的优秀品质，使得中华民族得以生存和不断向前发展。无论是在革命战争年代还是改革建设时期，都有一批批为了国家兴旺发达而努力奋斗、无畏牺牲的奉献者。古代"先天下之忧而忧，后天下之乐而乐"的爱国忧民情怀，当代的集体主义原则与救灾抢险精神，都体现着广大人民的无私奉献。奉献是爱国主义最好的表达，是国家兴旺发达的精神动力。当前，实现中华民族伟大复兴，应对国内改革和国际形势的各项挑战、培养时代新人，都必须大力弘扬奉献精神。

　　社会生活的各个领域都需要奉献，奉献在一定程度上能缓解社会矛盾，解决社会难题，提高社会效益。无论社会发展处于什么历史时期，都会存在很多艰苦的工作需要有人去做，也会有发生天灾人祸的时候。在这种情况下，以奉献精神为核心的各项志愿服务和献爱心等公益活动就发挥着不可替代的作用。

　　奉献对提高个人精神境界和道德修养有着重要的作用。自古以来，中国的知识分子便有"为天地立心，为生民立命，为往圣继绝学，为万世开太平"以及"天下兴亡，匹夫有责"的志向，如此高尚的爱国奉献情怀是伟大且值得尊敬的。只有具有奉献精神的人，才能将爱人助人、服务他人、奉献社会作为自己长远的志向；才能摆脱狭隘的个人主义、功利主义、实用主义的不良思想，更好地引领社会建立良好的道德风尚；才能不断认识自我、改造自我、发展自我，使自身日趋完善，实现全面发展。

　　例如，胡杨树在最恶劣、最艰苦的地方勇敢地与命运、与自然环境相抗争。它"生而一千年不死，死而一千年不倒，倒而一千年不朽"，世人又称其"英雄树"（图2-5）。胡杨树是中华民族坚韧不拔的精神象征。人们赞美胡杨树，因为它的生命力中蕴含着"艰苦奋斗、自强不息、扎根边疆、甘于奉献"的精神。胡杨精神体现了顽强不屈、奋发向上的意志品质，更是一种扎根边疆、默默无闻、甘于奉献的精神。

图2-5　胡杨树

　　对于中华民族而言，奉献已经成为生活哲理和人生准则，甚至是民族气节。无论是在重大灾害面前，还是在国家存亡时刻，中华儿女都有为国、为民奉献出一切的气节，这在近代尤为突出。

　　"勤俭、奋斗、创新、奉献"是具有鲜明中华传统文化的特征，对于树立时代新人正确的劳动价值观，培养时代新人崇高的劳动品质，

古诗词里的劳动美

塑造时代新人健全的人格等具有重要意义。重视新时代劳动精神的培育是培养时代新人的必然要求，是传承良好家风的前提条件，是贯彻实干兴邦的具体表现，更是发展中国特色社会主义的重要保证。

课后思考

如何理解中华优秀传统文化中的劳动品质？

实践活动

具体内容见《新时代大学生劳动教育》实践手册的"实践任务三""实践任务四"。

第三章

劳动精神面貌

劳动精神面貌是劳动者在劳动的过程中展现出的精神状态、精神风貌。劳动精神面貌包括劳动精神、劳模精神、工匠精神三个方面。本章从历史渊源、基本内涵和新时代大学生如何践行三个角度阐述了劳动精神面貌的主要内容。通过本章的学习，领会三种精神蕴含的深厚意蕴，激励大学生自觉传承优良传统，把榜样力量转化为继续奋斗的强大动力，开拓创新、砥砺奋进。

知识导图

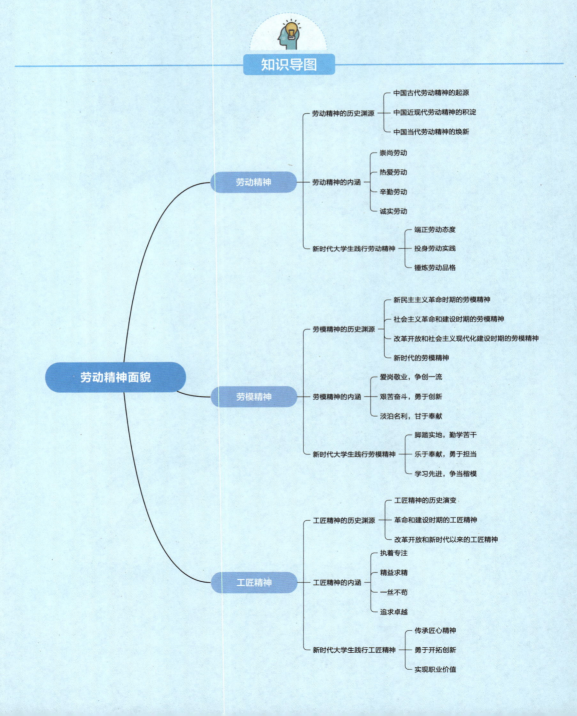

 学习目标

★**知识目标：** 了解劳动精神、劳模精神、工匠精神的历史渊源，理解三种精神的基本内涵。

★**能力目标：** 在日常学习、工作和生活中能够自觉弘扬和践行劳动精神、劳模精神、工匠精神，做三种精神的传承者、诠释者和践行者。

★**素质目标：** 从中华优秀传统文化和榜样身上汲取精神力量，培养劳动情怀，激发奋斗意志。

案例导入

采油女工的最美人生

刘丽是大庆油田（图3-1）的一名采油班长。1993年，从技校毕业的刘丽来到有着光荣传统的大庆油田第二采油厂第六作业区采油48队，成为一名采油工。身为大庆油田第一批建设者的父亲叮嘱她："要想当个好的采油工，就要像'铁人'那样有责任、敢于拼搏奉献。"在父亲的激励下，她起早贪黑奋战在井场上，把队里所有岗位干了个遍，成为一专多能的"岗位通"。每次迎检，她所管理的井均达到"零误差"，成为标杆队里的标杆井。

图3-1　大庆油田石油采油作业景观

和父辈们"出大力、流大汗"换来石油滚滚流的做法相比，作为新一代石油工人，刘丽更懂得用"大智慧"为油田的高产、稳产作贡献。"哪里有生产难点，哪里就有创新的空间。"她在担任洗井工时发现，洗井所需工具又多又笨重，不便携带、操作烦琐。

她经过构思、研究后，把撬杠、管钳、扳手和螺丝刀合为一体，使操作工具总重量从15千克降为2.5千克，使用时还可随意切换，既减轻了员工的劳动强度又提高了工作效率。她还从口红获得灵感，发明了"上下可调式盘根盒"，解决了采油工更换盘根难、盘根使用寿命短等弊端，每年节约维修工时10万小时以上，节电2.4亿多千瓦时，多产油近万吨。多年来，刘丽累计研发各类成果200余项，获国家及省部级奖项38项、国家专利及知识产权软件著作权41项。她还牵头成立了"刘丽工作室"，带动更多人参与创新，累计研发技术革新成果1048项，获国家专利174项，推广成果5000余件，创效1.2亿元。2019年，"刘丽工作室"入选"新中国70年最具影响力班组"。

工作30年来，刘丽始终践行传承老一辈石油人优良传统，大力弘扬劳模精神、劳动精神、工匠精神，从一名采油女工成长为我国石油工业油气生产领域专家型人才，荣获中华技能大奖，获得"全国技术能手""全国五一劳动奖章""全国劳动模范""全国最美职工""大国工匠年度人物"等荣誉。2022年，刘丽当选党的二十大代表。

以坚韧笃定扎根基层一线，以执着奉献诠释责任担当，以精益求精的工匠精神打造工作标准，以勇于创新的劳模精神谱写奋斗篇章，刘丽在平凡的岗位上做出了不平凡的成绩，走出了一条新时代劳动者的最美人生路。

（资料来源：编者根据相关资料整理）

思考：

1. 从刘丽身上你看到了什么样的劳动精神、劳模精神、工匠精神？

2. 刘丽的故事对你有什么启发？

党的二十大报告指出："全面建设社会主义现代化国家，必须坚持中国特色社会主义文化发展道路，增强文化自信，围绕举旗帜、聚民心、育新人、兴文化、展形象建设社会主义文化强国，发展面向现代化、面向世界、面向未来的，民族的、科学的、大众的社会主义文化，激发全民族文化创新创造活力，增强实现中华民族伟大复兴的精神力量。"全面建设社会主义现代化国家依靠每一位劳动者的辛勤劳动，我们要不断培养劳动方面的精神文化，吸收中华优秀传统文化中的劳动品质，塑造劳动者的精神面貌。在新征程上，大力弘扬劳动精神、劳模精神、工匠精神，对建设知识型、技能型、创新型劳动大军，激励和鼓舞全党全国各族人民更加奋发有为，投身全面建设社会主义现代化国家的伟大实践中，具有十分重要的意义。

第一节　劳动精神

劳动是创造一切物质财富和精神财富的源泉，劳动者在这一过程中所展现出的精神状态、精神面貌、精神品质就是劳动精神。党的二十大报告指出："在全社会弘扬劳动精神、奋斗精神、奉献精神、创造精神、勤俭节约精神，培育时代新风新貌。"劳动精神是一种精神力量，是民族精神和时代精神的生动体现，具有深厚的历史积淀和丰富的思想内涵。大学生应践行劳动精神，端正劳动态度，投身劳动实践，通过劳动创造美好人生。

一、劳动精神的历史渊源

劳动精神是中华民族赖以生存和发展的精神纽带，是对中华民族优秀传统美德的继承和发扬，更是伟大时代精神的体现。劳动精神与中华民族优秀传统文化紧密相连，贯穿于中华民族筚路蓝缕的奋斗历程中。中国共产党自成立以来就重视对劳动和劳动精神的弘扬，坚持与时俱进的思想，将劳动精神与中国的实际、中华优秀传统文化相结合，更丰富了劳动精神的内涵。

（一）中国古代劳动精神的起源

劳动精神是对中华民族优秀传统文化的延续传承，这种精神自古以来就流淌在中华民族的血脉之中。盘古开天成就天地方圆，大禹治水开启华夏文明，一部《诗经》礼赞劳动人民，"四大发明"凝聚劳动者的智慧。"春夏耕耘，秋冬收藏；昏晨力作，夜以继日。"古代先贤认为，辛勤劳动是一件值得自豪的事情，有了劳动成果的滋润，任何事物都会因此变得伟大，劳动者也会变成最幸福的人。也正因如此，博大精深、辉煌灿烂的中华文明在生生不息的中华民族的辛勤劳动中诞生。

中华文明的根基是农耕文化。在中国人的传统思想中，自古以来就有"劳动创造幸福"的信念。中华民族先民的劳动精神主要通过农耕劳动体现出来。先秦时期的诸子百家中，墨家学派极其重视劳动，并且认为勤于劳动是最重要的美德；儒家把人的道德品质与社会分工相挂钩，并且形成了劳动与读书一体的"耕读传家"文化。

经过中华民族几千年来劳动精神品质的积淀，劳动最光荣、劳动最崇高、劳动最伟大、劳动最美丽的观念早已孕育于中华民族发展史。在古代小农经济条件下，统治者通过躬行彰显劳动的崇高地位。据《帝王世纪》记载，"三皇"之首的伏羲重农桑、务耕田，每年二月二都要率部"御驾亲耕"，天下黎民也要开始耕作。《史记》中记载，周武王每年二月二举行盛大仪式，率领百官亲耕，并且将这一天定为"春龙节"。在唐代同样有着皇帝率领官员在天气转暖之时到田地里象征性耕作以彰显对劳作重视的习俗。宋元两代则是设立"耕事节""踏青节"等节日，对劳动耕作进行鼓励与宣传。明清时期，统治者对劳动的重视进一步加强，皇帝不仅会亲自扶犁耕作以彰显表率的作用，还制定了满足一定耕作成果的劳动者可获得奖励与免赋税的政策。由此可见，在古代虽没有固定的劳动节，也没有一个特定的仪式，但劳动创造生活、创造美的观念却一直传承至今。

（二）中国近现代劳动精神的积淀

鸦片战争以后，中国逐步沦为半殖民地半封建社会，国家蒙辱、人民蒙难、文明蒙尘，中华民族遭受了前所未有的劫难。由于帝国主义的不断入侵和当时社会制度的腐败，加之帝国主义、封建主义、官僚资本主义对劳动人民的压迫和剥削，使人民生活困苦不堪，精神上处于被动状态。传统的自给自足的自然经济解体，广大劳动群众虽处于深重的灾难之中，但依然参与劳动以维持生计，并且进行前仆后继、艰苦卓绝的斗争，进而取得革命的胜利。

近代以来，中华民族努力抗争的过程也是无数劳动人民辛勤奋斗的历程。五四运动之后，劳动人民的力量进一步壮大。而近代百年中国历经苦难重现辉煌的历史篇章，也正是依靠中国共产党领导下的各族劳动人民携手奋进谱写而成。从用小车推出革命战争的胜利，到用双手创造改天换地后的新生活，人民群众始终是推动中国历史巨轮滚滚向前的主力。

（三）中国当代劳动精神的焕新

中国共产党自成立以来，带领广大劳动群众在劳动中创造新生活，推动历史向前发展。中国共产党作为"中国人民和中华民族的先锋队"高擎劳动精神旗帜，始终坚持劳动和劳动人民至上的价值导向，总结经验，丰富了劳动精神的内涵。中国人民的劳动精神在中国共产党领导人民开展革命、建设、改革的实践中得到淬炼。

新中国成立以来，无论是政治视角，还是文化视角，都体现出劳动至上、劳动人民至上的清晰脉络。这标志着中国历史书写的主角回归到真正创造历史的劳动者主体上，更意味着当代中国将继续发扬崇尚劳动、尊重劳动人民的社会主义劳动文化。

劳动精神不仅体现了马克思主义唯物史观的真谛，而且凝聚着中国共产党的初心和使命，更贯穿于中国共产党的百年奋斗历程中。劳动精神在中国革命、建设、改革的过程中得以不断丰富和发展。

二、劳动精神的内涵

劳动精神体现着"劳动"本身，又超越"劳动"本身，是劳动的精神产物。全面建成小康社会在广大劳动群众的劳动创造中变成现实，全面建成社会主义现代化强国的目标在广大劳动群众的劳动创造中开启。劳动者在劳动的过程中所展现出的精神面貌，主要体现在崇尚劳动、热爱劳动、辛勤劳动、诚实劳动等方面。

（一）崇尚劳动

崇尚劳动是新时代劳动精神的价值旨归，是对劳动本身的价值认同，是在全社会形成热爱劳动、辛勤劳动和诚实劳动的精神指引，也是劳动者应该具有的精神素养。崇尚劳动不仅是一种价值观念，更是一种价值行为。

1.崇尚劳动是一种价值观念

崇尚劳动体现社会主义生产方式价值观，更是社会主义核心价值观的应有之义。崇尚劳动就是要牢固树立劳动最光荣、劳动最崇高、劳动最伟大、劳动最美丽的观念。这一观念明确了劳动的经济价值、政治价值、文化价值、社会价值。

（1）崇尚劳动就要尊重劳动。劳动价值有大小，劳动分工无贵贱。不论是体力劳动还是脑力劳动，不论是简单劳动还是复杂劳动，凡是有益于社会的劳动，都应该得到承认和尊重。

（2）崇尚劳动就要欣赏劳动。劳动创造美，劳动本身包含美，劳动塑造审美观。人在自觉劳动、创造性劳动中收获的不仅是物质上的满足，更重要的是劳动创造带来的精神上的愉悦。

（3）崇尚劳动就是要确立正确的劳动观念，使人们认识劳动并将劳动作为个人生活和生产活动的中心内容，视为个体生存的内在价值追求和社会发展的根本依据，使人们重视劳动在个体和社会生活中的基础地位，树立劳动者光荣的观念。同时，要养成尊重劳动、尊重劳动者的社会风气，营造人人参与劳动、人人是光荣劳动者的良好局面，让尊重劳动、推崇劳动蔚然成风，进而让劳动者更受尊重，具有较高的社会地位。

2.崇尚劳动是一种价值行为

崇尚劳动不仅是一种价值观念，更是一种价值行为，在一个民族的总体劳动及人的长期劳动中，在各种形式的劳动中体现出来。同样的劳动会因态度不同、投入不同、标准不同，使劳动的效果、质量、品位大不相同。这要在全社会大力倡导辛勤劳动、诚实劳动、创造性劳动的观念，构建劳动者成为劳动的主人应有的劳动态度和行为，从而树立正确的劳动观念，指引人们正确地参与劳动。

崇尚劳动折射了人民群众对劳动的根本态度与看法，彰显了广大劳动者对劳动的热爱、尊崇与重视，体现了新时期广大劳动者的行动自觉。

（二）热爱劳动

热爱劳动是新时代劳动精神的情感选择，是劳动者积极的心理态度，也是劳动者对劳动实践的认同。热爱劳动体现了广大劳动者对劳动的浓厚情感与诚挚表达，是发自内心的热爱，身体力行地劳动，珍惜劳动成果，焕发劳动热情。热爱劳动既是一种正确的职业态度、生活态度，也是一名高素质劳动者的情感认同。

1.热爱劳动是正确的职业态度、生活态度

劳动作为人类基本的生存方式和发展方式，其创造的物质财富和精神财富不仅给人们带来物质资料的需求和满足，还给人们带来精神上的收获，使劳动者通过劳动拥有获得感、幸福感和满足感。因此，热爱劳动是一种正确的职业、生活和生存态度。只有热爱劳动，懂得劳动创造美好生活、劳动创造幸福，人们才能喜欢劳动、愿意劳动。正是基于对劳动的热爱，劳动者才能实现由"要我劳动"到"我要劳动"的转变，进而用双手创造美好的生活。

热爱劳动指劳动者对于劳动的态度和情感是积极的、主动的。热爱劳动表现为积极

参加生产劳动，在劳动中充分发挥主动性，投身劳动、爱岗敬业，为实现中国梦贡献力量。人们热爱劳动，因为劳动者有通过劳动获得物质需求和满足精神需要的必要性。人类通过劳动创造了生存的基础，通过劳动改变了生活条件。

投身西沟村建设的申纪兰

　　全国劳动模范申纪兰的事迹就是对热爱劳动最好的诠释。改革开放前，她就带领人民群众完成荒山改造，发展经济作物，建设高产田，修筑谷坊坝，把几乎不具备生存条件的旧西沟村建成全国闻名的模范村。改革开放后，她从农业劳动模范向现代企业家的角色转换，跑项目、引人才，建设西沟村。在社会主义新农村建设进程中，她确立了站在新起点、抓住新机遇、再铸新辉煌的发展思路，带领人民群众努力奋斗，创造美好生活。半个多世纪以来，不管社会经济形势如何变化，地位如何变迁，她始终扎根西沟村，投身于农村建设。

（资料来源：编者根据相关资料整理）

2.热爱劳动是高素质劳动者的情感认同

　　热爱劳动是培养正确的劳动态度和积极的劳动心理，自觉自愿、积极主动地劳动。对劳动的积极态度，创造众多社会奇迹的劳动者所共有的品质。热爱劳动包含着劳动者对劳动高度的情感认同。

　　人们通过劳动实现自身价值，在劳动成果中凝结着人的价值。人们在劳动中认识自己、发现自己，在生产劳动中获得成就感，这是人们自我价值和社会价值的体现。因价值实现而形成的积极反馈和正向激励，促使劳动者对劳动形成正面的情感认同，激发人们继续为劳动付出更多的努力，进而孕育和产生热爱劳动的情感、意愿和期待。劳动创造的物质成果和精神满足感将进一步激发劳动者的劳动热情，促使劳动者产生从事生产劳动的主动性和积极性。因此，劳动在创造价值的同时升华了人的思想，提升了劳动的积极性。

　　热爱劳动是一种积极的劳动态度，树立了科学的劳动价值观之后，热爱劳动就必然成为劳动者内在的真心认同和外在的自觉行动，并且积极投身于劳动实践。

大学生矿工燃烧别样青春

　　2019年，王成福大学毕业后毅然选择奔赴南疆基层一线，投身采矿事业。王成福作为一名煤矿生产技术部的技术员，每天戴着安全帽、头灯、防尘口罩等防护用品，深入地下700米的地方工作。

　　高寒缺氧、狂风怒号、飞沙走石、网络不通、交通不便，这就是位于海拔3000米的昆仑山上的普阳煤矿生产生活环境的真实写照。

建矿初期，这里的生活节俭、住宿简陋、蔬菜缺乏。在工作生活中，煤矿老技术员对王成福关爱有加。矿区领导为他的成长架桥引路，着力培养他。正是一代代人的接力，使煤矿的年产量逐年增加，由最初的10余万吨达到目前的90万吨。煤矿工人的辛勤劳动、不懈奋斗、无私奉献的精神影响、感染着他，"艰苦不怕吃苦，缺氧不缺精神"的工作氛围震撼着他。

王成福始终保持积极的劳动态度和足够的劳动热情，投身煤矿事业，他用实际行动让青春在昆仑山上绽放光芒。像王成福这样的青年大学生还有很多，他们崇尚劳动、热爱劳动，勇担时代责任、历史使命，把个人理想抱负同国家前途、民族命运紧密相连，用双手创造美好生活，在劳动中开创未来，贡献青年力量，书写青春华章！

（资料来源：编者根据相关资料整理）

（三）辛勤劳动

辛勤劳动是新时代劳动精神的核心，是劳动精神在实践方面的重要组成部分。它体现劳动者的精神状态，是高素质劳动者的精神标志。勤劳是中华民族的优良传统和美德，也是实现个人价值的重要途径。对于劳动者来说，辛勤劳动主要是指劳动者对待本职工作要勤恳、不懈怠，在工作中要有顽强拼搏、自强不息的品格，同时要有任劳任怨、埋头苦干的奋斗精神。辛勤劳动既是保障和改善民生的重要方式，也是劳动者应当遵守的行为规范。

1. 辛勤劳动是保障和改善民生的重要方式

辛勤劳动是保障民生和发展民生的基础，是融于勤谨务实、善做善成的中华民族血脉之中的优秀品质。辛勤劳动是摆脱贫困最可靠的手段，是创造财富的重要途径。中国共产党百余年奋斗史离不开人民的劳动付出，每个阶段取得的成就都是依靠党领导人民通过辛勤劳动实现的。

时代在发展，人民对辛勤劳动的推崇一直没有改变。例如，河南30万林州人民为解决靠天吃饭的生存环境，凭借一锤、一铲、一双手辛苦奋战10个春秋，硬是在太行山的悬崖峭壁上"抠"出了一条长达1500千米的人工"天河"——红旗渠，体现了林县人民不惜一切代价，辛勤劳动战胜自然的精神。由300名青年组成的突击队勤劳苦战17个月，修筑了总干渠中最长的隧洞。百余年来，一代代中国共产党人不忘初心、牢记使命，前赴后继、奋力拼搏，带领各族人民用勤劳的双手艰苦卓绝地创造了一个又一个伟大奇迹，锤炼了中华民族辛勤劳动、艰苦奋斗的品质。

悲壮红旗渠

2. 辛勤劳动是劳动者应当遵守的行为规范

辛勤劳动主要指辛勤耕耘、埋头苦干，是对劳动者的基本要求。辛勤劳动是劳动精神的具体内容和实践要求，应当持守的行为状态和实践规范。辛勤劳动意味着各行各业都要精心投入、辛勤敬业，敢于付出辛苦和努力，在不同工作岗位上锻造和培育不畏艰辛、勤于创造、精益求精的精神。

世界上没有坐享其成的好事，一切幸福都需要靠辛勤劳动创造。劳动既是美好生活的"进行时"，也是美好生活的"未来时"。辛勤劳动本身就是一种幸福。人们在劳动中体现价值、展现风采、感受快乐。辛勤劳动更是幸福持久的保障，没有经过辛勤劳动获得的成果就如指间流沙经不起时间考验，唯有付出过艰辛劳动的人才最能懂得什么是真正的幸福，并心安理得地享受自己创造的幸福。

（四）诚实劳动

诚实劳动是新时代劳动精神的根本原则，是对劳动方式的态度认同，是高素质劳动者的精神修养。对于劳动者来说，诚实劳动就是劳动者在劳动的过程中做到不弄虚作假，以诚实守信的敬业态度对待自己的工作。每一个人都在自己的岗位上脚踏实地、勤勤恳恳，尽最大努力做好本职工作。诚实劳动不仅是一种正直善良的正向劳动，而且是劳动者应当坚守的道德原则。

1. 诚实劳动是一种正直善良的正向劳动

诚实劳动既是对劳动者的道德要求，也是中华民族优良的道德传统。诚实指言行一致、表里如一的道德品质。诚实劳动要求劳动者将全部体力和脑力诚实地付诸劳动实践，既不驰于空想，也不骛于虚声。

诚实和诚信是劳动者面对劳动、参与劳动的正确态度，也是对劳动实践的要求。诚实劳动有益于劳动者自身的发展，也有益于社会和国家的发展，是一种共享性劳动。诚实是一种品质，也是一种劳动美德。诚实劳动是正直善良的正向劳动，追求诚实劳动的过程也是追善的过程；反之，欺骗性劳动是一种"损人利己"的行为，从长远来看不但"损人"还"不利己"。

2. 诚实劳动是劳动者坚守的道德原则

党的二十大报告中指出："弘扬诚信文化，健全诚信建设长效机制。""人无信不立"，即不讲信用的人寸步难行。自古以来，诚实就被看作为人处世的基本准则。不论社会身份如何，不论从事何种行业，人人都需要诚实劳动。2019年10月，中共中央、国务院印发的《新时代公民道德建设实施纲要》中明确提出，要持续推进诚信建设，继续发扬中华民族重信守诺的传统美德。每一位公民都要坚持诚实守信、诚实劳动。新时代仍然需要弘扬诚信文化，进行诚实劳动。

坚持诚实劳动不仅为劳动者提供了劳动的态度和标准，而且明确劳动者开展劳动的道德规范。诚实劳动是对劳动者品德的客观规定，表明劳动要踏踏实实、求真务实、真抓实干、实事求是。诚实劳动作为劳动者在生产生活中的工作要求，体现为遵从工作标准、遵循职业要求、遵守法律法规等，维护社会公平正义、彰显劳动本义、闪烁人性光辉，并强调在合法劳动的基础上，不偷懒耍滑、不投机钻营。

无论是一线劳动者，还是技术岗位或管理岗位的高素质高技能型人才，无论投身哪个行业、从事什么职业，都应该以诚实劳动为基本准则。对于广大劳动者而言，要牢牢守住诚信做人的底线，践行"诚信"价值观，把守法诚信作为安身立命之本，始终以诚为先、以诚为重、以诚为美，让诚实劳动成为价值自觉、道德品行和行动操守。

在社会主义核心价值观中的个人层面，诚实是关键要素，也是对每个公民最基本的要求。诚实劳动是核心价值观在劳动领域的充分体现，同时也是劳动者对待劳动的根本态度，是高素质劳动者的精神标识。

三、新时代大学生践行劳动精神

新时代大学生肩负着实现中华民族伟大复兴的重任，是民族伟大复兴的见证者、参与者，更是劳动精神的弘扬者和践行者，必须端正劳动态度，投身劳动实践，用实际行动从小事做起。

（一）端正劳动态度

劳动态度是劳动观的重要组成部分，是人们对待劳动的心理态度。培养大学生正确的劳动态度有利于其成长成才，有利于其树立正确的人生观、世界观、价值观。在社会生活中，对劳动态度的认知决定了劳动行为，劳动态度和劳动行为之间相辅相成。大学生要端正劳动态度，必须加强理论学习，树立正确的劳动观念。

1.学习理论知识

要做到知行合一，必须了解相关理论知识。大学生的首要任务是学习，端正劳动态度必须学习劳动科学知识。通过学习了解劳动的起源、劳动的价值，以及马克思主义劳动观的内涵，理解新时代中国特色社会主义思想中蕴含的劳动观，认识劳动的价值，弘扬劳动精神，树立正确的劳动观念。今天，大学生要夯实新时代劳动精神的理论基础，了解劳动及劳动精神的历史源流，才能更深入地参与劳动。

2.树立正确的劳动观念

培养大学生正确的劳动观念不仅有利于树立正确的劳动观和人生观，也夯实了实现中国梦的基础。

（1）大学生要树立崇尚劳动的观念。大学生要认识到"劳动只是分工不同，没有贵贱之分"，形成"劳动最光荣、劳动最崇高、劳动最伟大、劳动最美丽"的劳动观。

（2）大学生应当树立热爱劳动的观念。大学生树立正确的劳动价值观，发自内心地热爱劳动，身体力行地参加劳动，爱惜劳动成果，激发劳动热情，在劳动实践中寻找自己的人生定位，实现自己的人生价值。

（3）大学生要树立辛勤劳动的观念。辛勤劳动不是一句简单的口号，更应该体现在社会生活中的方方面面。在学习和生活中，大学生都要认真学习科学文化知识，积极参与各项劳动，投身劳动实践，促进自身更好地成长。

（4）大学生要树立诚实劳动的观念，消除不劳而获的错误思想。第一，大学生对所从事的劳动应具备专业的知识技能，对自我的劳动素质应做出理性的判断并进行合理定位。第二，大学生应当立足岗位踏实劳动，求真学问，学真本领，实事求是地对待劳动过程，正确看待劳动成果，树立能实现人生梦想的正确劳动观。

（二）投身劳动实践

"读万卷书，行万里路"，归根结底就是在强调理论与实践二者缺一不可，要把二者联系起来。实践是检验真理的唯一标准，也是将理论与实际相结合的重要方式。

思想的引领和能量的储备，最终要落实到脚踏实地的劳动实践。而劳动实践一方面能强健体格、健全心智、磨炼性情，另一方面加深劳动者对积极劳动观、价值观的认同。因此，在大学生中弘扬劳动精神、加强劳动精神教育，引导大学生关注社会现实问题、身体力行参与劳动实践。

1.积极参加校园劳动实践

高校教育要重视劳动教育的实践环节。在课程之余或寒暑假期间，高校要为学生提供勤工助学、志愿服务、社会实践等锻炼平台，鼓励学生动手实践、出力流汗、劳动创造，学会分工合作，善于观察思考。大学生要在实践过程中发现问题，围绕问题展开研究，整合所学知识，创造性地解决实际问题；要在实践中掌握劳动方法，学习劳动纪律，感受劳动的艰辛和收获的快乐。校园是大学生活动的主要场所，大学生要积极投身到校园日常清洁劳动中，完成力所能及的、简单的劳动。比如，教室、宿舍、实验室等场所的日常打扫和整理。同时，每一名大学生都要认真完成个人日常卫生，例如自己的衣服自己洗，搞好床铺卫生等。

2.勇于参加家庭劳动实践

大学生的主要任务是学习科学文化知识，往往是以课堂教学的方式进行，脑力劳动得到了锻炼，其他方面却没有得到有效的发展。因此，大学生在注重理论学习的同时更要投身到劳动实践中，将书本上的理论与劳动实践相结合，做到学以致用。家庭劳动是日常化的劳动，高校要注重发挥家校联合的教育力量，引导家长形成正确的劳动价值观和家庭劳动教育理念。大学生寒暑假返乡期间，既是和父母团聚之时，也是最佳的劳动锻炼时期。家长要抓住衣食住行等日常生活中的劳动实践机会，鼓励学生参与家务劳动，掌握必要的生活和家务技能，培养劳动意识，形成家庭主人翁的责任感。

（三）锤炼劳动品格

品格是指人的思想品行，是行动的先导。劳动品格的培养旨在引导大学生形成真挚的劳动情感和良好的劳动习惯。

1.大学生要具有真挚的劳动情感

劳动情感是劳动个体在社会生活中，通过参与劳动实践逐渐形成的对特定对象的态度体验。劳动情感是大学生劳动价值观中不可或缺的一部分，是新时代大学生成为德智体美劳全面发展人才的必然要求。在劳动实践过程中，大学生要培养尊重劳动人民、尊重和珍惜劳动成果、劳动创造美好生活的劳动情感。

首先，大学生要参与劳动实践，深刻认识到劳动人民的伟大之处，树立尊重劳动、尊重劳动人民的观念，学习劳动人民勤劳、朴实的精神，在实践中感受劳动创造的快乐。

其次，大学生尊重和珍惜劳动成果不仅存在口头上，更要体现在行动之中，要牢记劳动成果来之不易，争做"光盘一族""节约达人"。古语有云："由俭入奢易，由奢入俭难。"这时时刻刻提醒人们要做到勤俭节约，杜绝铺张浪费，珍惜劳动成果。例如，大学生在学校餐厅要吃多少打多少，不铺张浪费，这就是对劳动成果的尊重；在课堂上要认真听课学习，不"躺平"，这不仅是对教师的尊重，更是对其劳动成果的尊重。

最后，大学生要认识到劳动在实现人民幸福生活中发挥至关重要的作用，这是创造美好生活的重要方法。大学生要用科学的劳动方法践行劳动过程，在劳动中探寻打开美好生活大门的钥匙，在探索实践中踏上幸福生活的通途。

2.大学生要养成良好的劳动习惯

劳动习惯是劳动者在长期的劳动过程中养成并适应的劳动行为方式。在生活中，大学生要从内心自觉劳动，在安全的前提下参与劳动，在法律规定的范围内投身劳动。

首先，大学生应当自觉劳动，让劳动精神内化于心、外化于行，并且努力克服劳动过程中的懒惰情绪，在认真完成学习任务的同时积极参与校园建设和社会实践活动。

其次，大学生要注意劳动安全，避免受到伤害。大学生要尊重和保护一切合法劳动，对于如生产假冒伪劣商品、生产和运送毒品、欺诈他人等非法劳动，要增强法治观念，提升法律意识，做法律的真实拥护者和坚定信仰者。

大学生要正确认识劳动的价值，尊重劳动，不歧视劳动者，形成正确的劳动观念，以极大的热情投身于社会实践中，全身心地参与现代化建设。在不断的社会实践中磨炼意志，逐渐养成勤俭、奋斗、创新、奉献的优良品质，在劳动中诠释生命存在的意义，成为合格的新时代劳动者。党的二十大报告指出："青年强，则国家强。当代中国青年生逢其时，施展才干的舞台无比广阔，实现梦想的前景无比光明。"梦想需要通过劳动来实现。当代大学生要时刻牢记践行劳动精神，主动将个人命运与国家命运结合起来，敢于有梦、敢于追梦，在劳动中将梦想转化为现实，进而实现人生价值。

第二节　劳模精神

劳动模范是时代的先锋、民族的楷模，不仅积累丰富的物质财富，也创造伟大的精神财富。劳模身上承载和彰显的劳模精神一直发挥着引领作用，丰富和拓展中华民族精神的内涵。劳模精神充分展现了我国工人阶级和劳动群众的高度自信，已成为我国社会主义核心价值体系的重要组成部分。进入新时代，我们要深刻把握劳模精神的崭新意蕴，大力弘扬劳模精神，推动全社会形成尊重劳动、劳动光荣的良好风尚。

一、劳模精神的历史渊源

劳模精神是我国优秀传统劳动文化的时代结晶。中华儿女用辛勤的劳动创造了灿烂的历史文化，锻造了朴实、勤奋的优秀品格。这一品格始终贯穿于社会生产的发展和实践之中，并不断推动生产力的发展。自中国共产党成立以来，劳模精神始终植根于领导中国人民长期奋斗的实践中。中国劳模现象最早出现于20世纪30年代的土地革命战争时期，孕育成长在第二次、第三次国内革命战争时期，发展壮大于中华人民共和国成立初期，与时俱进于改革开放和社会主义现代化建设新时期。劳模精神成为中国共产党在长期革命、建设、改革实践中积累起来的宝贵精神财富，凝聚成中华民族从站起来、富起来到强起来的强大精神力量。理解劳模精神，首先要弄清楚其产生和发展过程。中国的劳动竞赛活动和劳模现象历史悠久、范围广泛、内容丰富、影响深远，可谓独树一帜。

劳动词典

劳模是劳动模范的简称。"劳"表示劳动，这是劳模的基本前提。"模"体现了"示范"和"楷模"的价值导向，以及可近、可亲、可信、可学的榜样作用。劳模意味着"先进符号"，是人民授予生产建设中先进人物的一种荣誉称号，以表彰劳动过程中有显著成绩或重大贡献并可以作为榜样的人。

（一）新民主主义革命时期的劳模精神

中国的劳模最早诞生于土地革命战争时期中央苏区的公营企业和革命竞赛中，而后在抗日战争时期陕甘宁边区的大生产运动和各项建设中不断涌现，解放战争时期又出现了大量的"支前劳模"和"工业劳模"。

新民主主义革命时期，中国共产党领导革命根据地军民先后开展了两次大规模的生产运动：一次是1932—1934年中央苏区以劳动竞赛为主要形式的大生产运动；另一次是1941—1944年以南泥湾为代表的大生产运动。在两次大生产运动中都涌现了一大批劳动模范，其中优秀代表人物主要有赵占魁、吴运铎、张秋凤、张思德等。1934年，在江西瑞金召开的苏区妇女劳动模范代表大会上，由毛泽东同志颁发的奖品竹笠上就印有"劳动模范妇女"字样。这是我国首次使用"劳动模范"这一称号。随后在中央苏区相继开展革命竞赛和劳动竞赛，正式拉开了中国劳模运动的序幕。

图3-2　南泥湾俯拍图

抗日战争时期，中国共产党为打破日本侵略者和国民党反动派对抗日根据地的军事包围和经济封锁，同时为应对陕甘宁边区遇到的严重自然灾害，毛泽东同志及时作出部署，先后在延安和各抗日根据地开展以"发展经济，保障供给"为主要内容的大生产运动，其中最有名的就是"三五九旅"。在党中央的号召下，战士们身背钢枪，手握镰头，用生命和汗水发扬自力更生、艰苦奋斗、无私奉献、开拓进取的革命精神，把原本是荒山野岭的南泥湾变成了碧浪翻滚的"陕北好江南"。"三五九旅"的先进事迹为陕甘宁边区的建设作出了巨大贡献，也为其他抗日根据地大生产运动的开展作出了表率。

这一时期，劳模的评选表彰活动调动了军民斗争、工作、生产的主动性和积极性，在群众中首次树立"劳动光荣、劳动致富"的劳动观念。按照"服务战争、支援军事"的指导思想，这一时期的劳模精神将生产和军事紧密结合，评判劳动模范的标准是"为革命献身、为革命拼命，苦干加巧干、经验加创新"，呈现出"革命型"的劳模特征。大生产运动推动了苏区、抗日根据地和陕甘宁边区生产、建设事业和各项工作的发展，为党领导下的新民主主义革命取得胜利和建立新中国作出了重大贡献。

（二）社会主义革命和建设时期的劳模精神

中华人民共和国成立后，人民成为国家的主人。20世纪50年代的中国百废待兴，党和国家面临恢复和发展国民经济、建设社会主义国家的艰巨任务。各行各业的劳动者都投身到社会主义劳动生产中，各条战线涌现出一大批先进人物和劳动模范。从1950年9月到1960年6月，党和国家先后召开4次全国性的劳模评选和先进生产者代表大会，评选出6510个先进集体和1万余名先进工作者。这些先进工作者广泛分布在农

新中国第一代
女拖拉机手——
金茂芳

业、工业、教育、卫生、新闻、体育、交通运输、基础设施建设等涉及国民经济和社会建设的各个领域，主要代表人物包括："铁人"王进喜（图3-3）、"高炉卫士"孟泰、"宁愿一人脏，换来万家净"的淘粪工人时传祥、"骑着毛驴上北京"的库尔班·吐鲁木、新中国第一代"军垦女拖拉机手"金茂芳等。他们虽来自不同行业，但都以"勤勤恳恳、任劳任怨、勤俭节约、艰苦奋斗"的劳动热情，为新中国国民经济的恢复、社会主义建设作出了突出贡献。

图3-3　大庆市铁人纪念馆

这一时期的劳动模范主要来源于基层，一线产业工人是主流。"一不怕苦，二不怕死"的硬骨头精神和"老黄牛"形象是他们的真实写照。劳模身上展现的是社会主义理想和爱国爱党的价值追求，其蕴含的劳模精神内涵是"不畏困难、艰苦奋斗、自力更生、无私奉献、刻苦钻研、勇于创新、不怕牺牲、团结协作、爱岗敬业、多作贡献"。以自力更生、奋发图强为主的"老黄牛"精神为全国人民树立标杆，"学习毛泽东思想，听党的话、忠于职守、勤奋工作"是这个时期劳模精神的鲜明特色。

（三）改革开放和社会主义现代化建设时期的劳模精神

1978年，党的十一届三中全会开启了改革开放的历史新时期，"实现四个现代化"的口号被唱响。一批科技文化教育工作劳模带领广大群众，勇攀科学技术高峰，走进人们的视野。这一时期涌现出了以"两弹元勋"邓稼先、数学家陈景润、优秀光学专家蒋筑英、微电子研究专家罗健夫等为代表的科学家劳模。新一代劳模发扬"当代愚公"和"两弹一星"精神，将毕生精力献给了祖国的科技事业，为我国的经济发展和社会进步作出了不可磨灭的贡献。

20世纪90年代，我国社会经济飞速发展，取得了举世瞩目的成绩。这一时期涌现出以"为西藏的经济社会发展以身殉职"的孔繁森、"盲人的眼睛、病人的护士、外地人的向导、乘客的贴心人"的服务行业楷模李素丽、"九十年代活雷锋"的水电工徐虎等为代表的一大批先进模范人物。他们以"求真务实，拼搏进取"的精神，激励广大劳动者崇尚先进、爱岗敬业。

随着21世纪的钟声敲响，中国特色社会主义现代化建设事业进入了新的发展阶段，涌现出"蓝领专家"孔祥瑞、"马背医生"吴登云、"中国航空发动机之父"吴大观等一大批劳动模范和先进工作者。他们干一行、爱一行，专一行、精一行，带动群众锐意进取，积极投身社会主义现代化建设，为国家和人民做出杰出的贡献。

"马背医生"
吴登云

这一时期劳模精神的内涵也演化为"解放思想、开拓进取，知难而上、勇于创新，艰苦奋斗、求真务实，淡泊名利、无私奉献"，主要体现为开拓精神、创新精神和实干精神。这集中反映了中国工人阶级的优秀品质，充分体现适应时代要求、响应党的号召。

（四）新时代的劳模精神

党的十八大以来，一批批知识型、技术型、创新型劳动模范为推动创新型国家建设作出重要贡献。例如，焊接大师艾爱国，从世界最长跨海大桥——港珠澳大桥，到亚洲最大深水油气平台——南海荔湾综合处理平台，在这些国内国际的超级工程中，都活跃着他的身影；从助力中国船舶制造业提升国际竞争力，比肩世界一流水平，到突破国外企业"卡脖子"技术，填补国内技术空白，都离不开他的焊接绝活。又如，航天科技集团特级技师徐立平，30余年一直从事固体火箭发动机药面整形工作，该工序是固体火箭发动机生产过程中最危险的工序之一，被喻为"雕刻火药"。再如，号称"中国高铁第一人"的李万君，先后参与了我国几十种高铁、动车组转向架的首件试制焊接作业，提炼并形成30多个转向架焊接规范及操作方法，攻克技术难关150余项。

这一时期，在北斗导航、量子通信、载人航天、探月工程、深海探测、高速铁路、5G等重大成果中，特别是在决战决胜脱贫攻坚、抗击新冠肺炎疫情等工作中，都凸显了工人阶级的主力军作用，显现了广大劳模和大国工匠爱岗敬业、勤奋工作的敬业精神，锐意进取、勇于创造的创新精神，兢兢业业、精益求精的职业精神。

新时代劳模精神在承继"爱岗敬业、争创一流，艰苦奋斗、勇于创新，淡泊名利、甘于奉献"内涵的基础上，更加强调精益求精、创新创造的时代内涵，融入了刻苦钻研、精益求精、品格高尚、追求卓越的时代品质，使其内涵更加丰富和完善。

课堂探究

如今，有些人对劳模的印象还停留在"出大力、流大汗"的认知上，认为在经济飞速发展的信息化时代不需要劳模精神。请以小组为单位开展相关课堂讨论。

二、劳模精神的内涵

劳模精神植根于中华大地，孕育于革命战争年代，成长于社会主义建设时期，繁荣于改革开放伟大实践中，创新发展于中国特色社会主义新时代。劳模精神经过近90年的历史嬗变，劳模精神的内涵虽被赋予相应的时代元素，但劳模精神的价值追求和精神引领未曾改变。

（一）爱岗敬业，争创一流

"爱岗敬业、争创一流"体现了广大劳模恪尽职守、创先争优的职业道德及对国家、社会、职业的高度责任感、使命感和舍我其谁的主人翁精神。

爱岗敬业是评选劳动模范的第一标准，重点强调"爱"和"敬"。"爱"是对岗位和职业的高度热爱，"敬"是对岗位和职业的崇尚敬重。爱岗就是热爱自己的工作岗位，热爱本职工作，具有职业的荣誉感和自豪感；敬业就是以恭敬严肃的态度对待自己的工作，以认真负责的态度从事自己的工作。爱岗敬业的基本要求包括四个方面：一是理性认识职业，树立职业理想；二是热爱职业，恪守职业道德规范；三是脚踏实地扎根职业，履行职业责任；四是培养职业兴趣，提升职业技能。

争创一流作为一种昂扬向上的精神风貌，能够不断超越自我，创造优异的工作业绩，走在时代前列的刻度和标志。争创一流是正确对待工作中的困难和挫折，认真、高效地分析和解决问题，肯学、肯干、肯钻研，敢想、敢干、敢追梦，瞄准先进，放眼世界，比学赶超，不断迈进新的目标。争创一流的基本要求包括三个层面：一是坚持一切从实际出发和追求卓越的理念；二是增强积极主动、善于沟通与协调的意识；三是提高优质高效、充满生机与活力的工作精神。

"爱岗敬业、争创一流"体现了新时代积极的劳动态度。尽管我们已走过千山万水，但仍需跋山涉水，新时代需要我们每一个人爱岗敬业、砥砺奋斗、争创一流。"国家兴亡，匹夫有责"，无论我们处于什么样的岗位，只要全身心投入工作之中，都是在为祖国建设添砖加瓦，贡献自己的一份力量。

（二）艰苦奋斗，勇于创新

"艰苦奋斗、勇于创新"是劳模精神的宝贵品质。只有持之以恒地不怕苦、不怕累、不畏艰难，敢于打破固有思维，保持顽强拼搏、奋发向上的精神风貌，才能不断推动生产技术、生产工艺升级换代，勇攀事业高峰。在不同的历史时期，艰苦奋斗、勇于创新都有不同的侧重点和表现形式。

党的二十大报告强调："加快实施创新驱动发展战略。加快实现高水平科技自立自强。以国家战略需求为导向，集聚力量进行原创性引领性科技攻关，坚决打赢关键核心技术攻坚战，加快实施一批具有战略性全局性前瞻性的国家重大科技项目，增强自主创新能力。""艰苦奋斗""勇于创新"体现了广大劳模吃苦耐劳、坚韧不拔的作风和强烈的开拓意识，勤于学习、善于实践，积极掌握知识，努力增强核心技能，主动应对各种挑战。艰苦奋斗包括四个方面的内涵：一是内在核心为自强不息；二是必要前提为不怕挫折；三是表现形式为勤奋工作；四是必然选择为勤俭节约。创新是民族进步的灵魂，是一个国家兴旺发达的不竭源泉，也是中华民族最深沉的民族禀赋。勇于创新就是要克服循规蹈矩、封闭保守的思想，以锐意进取、求新求变的勇气攀高峰。进入新时代，越来越多知识型、技能型、创新型劳动者为实现中华民族伟大复兴中国梦而奋斗。勇于创新的基本内涵包括：求变思维、培养勇气、善抓机遇、执着追求。广大劳模勇于创新的精神，是值得永远传承的精神财富。

"艰苦奋斗、勇于创新"凸显了新时代良好的劳动习惯。艰苦奋斗是劳动者成为劳模先进，成就任何事业，必不可少的精神力量。一代代劳模在劳动实践中苦干、实干、巧干，以坚如磐石的信念、不畏困苦的斗志、只争朝夕的劲头、坚忍不拔的毅力，克服了常人无法想象的困难，创造了一个又一个骄人的成绩。倡导勇于创新就要营造一种人人谈创新、时时想创新、无处不创新的良好氛围，使广大群众充分认识到不能满足于简单的重复劳动，而是要不断探索新方法、研究新工艺、创造新程序，只有不断地摸索、尝试，才能有所创新、有所贡献。

（三）淡泊名利，甘于奉献

"淡泊名利、甘于奉献"是劳模精神的价值追求，也是劳动模范的行动指南和内在动力。随着时代变迁，劳模精神的内涵虽然也在不断丰富和发展，但每一时期的劳模身上都体现出不计名利、甘于奉献的精神品质。他们在名利面前坚守初心，将个人发展融入国家大局，始终把国家、社会、人民的利益摆在第一位。淡泊名利是劳动模范的高尚品格，强调默默付出、不求回报的精神状态。甘于奉献体现了劳动模范的大爱，对事业不求回报的耕耘和全身心的付出。

"淡泊名利、甘于奉献"体现了广大劳模任劳任怨、不计得失的模范行为，反映了工人阶级的价值取向和大公无私、不怕牺牲的高尚情操。淡泊名利就是清心寡欲、轻名忘利，是中国传统名利观的集中体现，是中华民族传统美德。淡泊名利的基本内涵包括：第一，要以平静之心对待自己；第二，要以平稳之心处事；第三，要以平常之心对待名利。劳动模范始终把最广大人民群众的利益作为自己的根本利益，明确自己在法律和政策规定范围内的个人利益，正确认识和把握"小我"和"大我"的辩证关系，不在法律和政策规定范围之外图虚名、谋私利。甘于奉献指为了人民群众的利益能够作出自我利益的让步、牺牲，不计较个人利益的得失，要懂得感恩、善于担当。甘于奉献的基本内涵包括：第一，在本职岗位上默默付出；第二，勇于承担社会责任；第三，时刻做好奉献的准备。

"淡泊名利、甘于奉献"表达了新时代的劳动品德。劳模之所以在事业上取得成功，其中很重要的原因就是淡泊名利，始终保持高尚情操专心干事，干出成绩、干出成功。无论时代如何变化，广大劳模为党和人民贡献一切的行为留下了光荣而不朽的印记，甘于奉献是当代中国劳模精神最亮丽的底色。

祖孙三代接力护边70载

红其拉甫地处帕米尔高原（图3-4），毗邻巴基斯坦，自然环境恶劣，是边防官兵巡逻的必经之地。他们巡逻时要蹚过刺骨的冰河，翻越险峻的达坂，要征服这条巡逻路，离不开经验丰富的当地塔吉克族向导。拉齐尼·巴依卡一家三代主动报名接力守边戍边70年，用满腔赤诚守卫着祖国的边防线。

图3-4 帕米尔高原崎岖蜿蜒的盘龙古道

拉齐尼的祖父当年自告奋勇参加巡逻，一干就是23年；祖父走不动了，把担子交给他的父亲，爬冰卧雪、戍边巡逻，又走过30多年；2004年，两鬓斑白的父亲把接力棒交给了刚从部队退役的儿子拉齐尼。

"为国戍边，我们义不容辞。"拉齐尼作为一名党员，守边护边17年。2020年11月，他获得"全国劳动模范"荣誉称号。2021年1月4日，为解救落入冰湖的儿童，"帕米尔雄鹰"——拉齐尼·巴依卡的生命定格在41岁。2021年3月3日，中共中央宣传部追授拉齐尼·巴依卡"时代楷模"荣誉称号；2021年6月28日，他被中共中央组织部授予"全国优秀共产党员"荣誉称号。

拉齐尼·巴依卡祖孙三代淡泊名利、甘于奉献、任劳任怨，勇担社会责任，不顾个人安危守卫祖国边防线，他们的事迹被改编成电影《花儿为什么这样红》在全国上映。

（资料来源：编者根据相关资料整理）

三、新时代大学生践行劳模精神

大学生要深刻领会劳模精神的丰富内涵，以劳模为榜样，学习劳模身上的优秀品质，自觉弘扬、传承和践行劳模精神，将其内化为精神追求，外化为自觉行动，奋力书写不负时代的答卷。

（一）脚踏实地，勤学苦干

大学生践行劳模精神，必须主动适应新形势对劳动者素质提出的新要求。坚持知行合一，注重在实践中学真知、悟真谛，加强磨炼、增长本领。

（1）掌握专业技术知识，培育执着专注、精益求精的职业素养。大学生要勤于学习，学习文化、科学及技能，不断提高综合素质，练就过硬本领。树立职业理想，强化职业责任；学习与职业有关的理论知识，提高职业技能，不断完善自我、提高自我。扎扎实实地掌握好专业基本功，提高专业水平，力求干一行爱一行、干一行专一行。

（2）培养创新思维和提升创新能力。崇尚创新精神，大学生创新主要靠知识技术。创新不仅需要专业知识，还需要各方面的综合知识，同时要求大学生具有对这些知识的获取、处理、加工和整合能力。大学生可以通过专业课和公共选修课的学习、修读第二学位、参加培训和社会实践等方式扩大自己的知识面。同时，大学生在校期间可以通过积极参加创新创业大赛、"互联网+"大赛，潜心钻研、大胆创新，提升自身的实践能力。

（3）大学生要通过劳动实践体悟劳模精神，用苦干、实干诠释劳模精神，让劳模精神不断发扬光大。在学习和工作中始终勤奋刻苦、努力创新、厉行节约，吃苦在前，享受在后。只有勤劳肯干、勤学苦练，才能提高自己的工作技能，不断实现自我突破。因此，大学生在未来的实际工作中才能攻坚克难、勇毅前行。

（二）乐于奉献，勇于担当

劳模精神所体现的劳动热情、淡泊名利、艰苦奋斗，既是职业岗位的客观需要，也是激励大学生利用所学知识与技能埋头苦干、创建事业的精神指引。

时代人物黄文秀

（1）中国特色社会主义进入新时代，青年必须敢于担当、勇于担当。劳模之所以能作出巨大的奉献，是因为甘于奉献的思想动力驱使他们不仅是做好本职工作，即使明知是困难和危险，也会挺身而出。大学生可以充分发挥自身专业优势，立志为他人、为国家、为社会作出奉献。树立正确的世界观、人生观和价值观，坚持全心全意为人民服务。通过参加日常宿舍清扫、校内劳动、校园调研等活动，走出课堂、走进社区、回到家乡。

（2）积极参与各类公益服务，回报家乡和社会。力所能及地参与"三下乡"活动、企业假期实习、支教等活动，用实际行动锻炼和提高劳动技能，在社会实践中提升服务社会、服务人民意识，践行奉献精神。

（3）广泛参与志愿服务活动，走向社会、接触社会并了解社会，增强社会责任感。利用假期第二课堂实践活动广泛开展向辖区居民发放党和国家政策宣传册、义务法治知识讲座、防范电信诈骗及消防知识宣传等志愿活动。用心工作、专心做事，通过实干实现人生的梦想，增强自身的责任担当和服务意识。

近年来，大学生已经成为推动社会进步和发展的中坚力量，不论是在创新创业、科研开发领域，还是在脱贫攻坚、疫情防控、抢险救灾一线，总能看到青年的身影。青年一代不怕苦、不畏难、不惧牺牲，用臂膀扛起如山的责任，展现出青春激昂的风采，展现出中华民族的希望。

（三）学习先进，争当楷模

新时代是奋斗者的时代，也是在奋斗中成就伟业、造就人才的时代。

（1）要以先进典型为榜样，学习劳模艰苦奋斗的精神。劳动模范的先进事迹充分说明了事业是实干出来的，任何存有坐享其成、好逸恶劳思想和做法的人都是不可能干出一番事业的。在学习、生活、工作中用劳动模范和先进工作者的崇高精神和高尚品格鞭策自己，激发锐意创新的勇气、敢为人先的锐气、蓬勃向上的朝气。

（2）要发挥先进典型的引领作用，讲好劳模故事。党的二十大报告指出，"增强中华文明传播力影响力。坚守中华文化立场""讲好中国故事、传播好中国声音，展现可信、可爱、可敬的中国形象""推动中华文化更好走向世界"。大学生要把劳模精神内化于心、外化于行。在今后的学习与工作中，学习劳模淡泊名利、甘于奉献、乐于服务的忘我精神。把个人追求与国家发展、社会进步紧密联系在一起，拓展生命的维度，把淡泊名利、甘于奉献转化为自己的信念动力，融入自觉行动中，争做不务空名的行动者和兢兢业业的奉献者。

（3）要拒绝"躺平"，积极参与劳动实践活动。学习劳模勇于创新、与时俱进的进取精神和开拓精神。敢为人先、勇创一流，真抓实干、争先创优，做"挺立"青年、奋斗逐梦，建功立业，不负韶华、不负青春。

第三节 工匠精神

2021年9月，工匠精神作为中国共产党人在长期奋斗中构建的伟大精神，被第一批纳入中国共产党人精神谱系。在全社会弘扬与践行工匠精神已是国家层面的一项重要任务，既体现了国家意志和全民共识，又蕴含着历史必然性。党的二十大报告指出："一些关键核心技术实现突破，战略性新兴产业发展壮大，载人航天、探月探火、深海深地探测、超级计算机、卫星导航、量子信息、核电技术、新能源技术、大飞机制造、生物医药等取得重大成果，进入创新型国家行列。"这些成就离不开对工匠精神的继承与弘扬。如今，随着时代的发展，工匠精神被赋予新的时代内涵，已不再是传统手工艺匠人的专属，而是各行各业从业人员不断打磨技艺、提升产品品质所遵循的职业精神。

一、工匠精神的历史渊源

工匠精神传承于历史，是在伟大劳动人民的亲身实践中随时代发展凝结而成，以其积极的精神力量推动社会的进步。在中国，工匠精神由来已久，有着深厚的历史基础，是世界工匠精神的发源地之一。

（一）工匠精神的历史演变

1. 工匠精神的萌芽与产生阶段

在夏商周时期，工匠精神是普遍而简单朴实的。据《史记·五帝本纪》记载："陶河滨，河滨器皆不苦窳。"记录了舜早年在河滨制陶时，追求精益求精、精工细作，杜绝粗制滥造，从此那里再也没有出现次品的事情。从舜帝到夏朝的"奚仲"，再到商朝的"傅说"……工匠开始大量出现在史书之中，他们所展现的工匠精神深刻影响着我国古代的各个领域，推动中国工匠及工匠文化的塑造，由此形成中国独特悠久的工匠文化和工匠精神。

2. 工匠精神的发展阶段

由于受到第一次工业革命的影响，工匠精神虽然发展缓慢，但依然存在并发挥着重要作用。面对西方机器化生产方式与大量廉价商品涌入的极大挑战，以手工业生产为主的工匠群体虽有所减少，但散落在民间的工匠、民营企业的工匠还是不断提高技艺，用自己的手艺创造并发展品牌。"百年老字号"和"中华老字号"就是这一时期工匠精神的重要见证，如北京同仁堂（图3-5）、六必居、张一元等，这些产品与品牌传承古老的技艺，更是体现近代工匠们执着、精益、极致的工匠精神。

图3-5 位于北京大栅栏的同仁堂门店

3. 工匠精神的传承与弘扬阶段

这一阶段的工匠精神受到极大重视，我国的科技文明发展迅速，取得成功研制原子弹、氢弹、人造卫星等重大科技成就，对我国当时的安全与社会发展有着重要意义。取得这些历史性突破的背后，少不了工匠们的默默付出与辛勤奉献，更体现了工匠们吃苦耐劳、攻坚克难的精神品质。

回望历史，在中华民族璀璨文明的发展进程中，工匠精神以其独有的精神力量与时代价值，推动我国取得一个个举世瞩目的成就。在中国共产党领导的革命、建设、改革过程中，工匠文化得到了传承与发展。在中国共产党领导的血与火的革命中、如火如荼的建设中、意气风发的改革中，涌现出一大批爱国敬业、甘于奉献、刻苦钻研的工匠们。他们永不放弃、执着卓越、精益求精的理念，使具有无产阶级和社会主义性质的工匠精神应运而生。

（二）革命和建设时期的工匠精神

1. 革命时期

自"五四运动"爆发后，民族工商业发展迅速，诞生了一批具有民族大义和社会责任感的实业家，这对当时国内民族工商业的发展起到巨大的推动作用。在经济基础薄弱的西部地区，例如重庆、广西、贵州等，民族工商业发展也进入一个崭新的阶段。如工厂规模逐渐扩大、国货品类不断增加，这些都为当时工匠的生存与发展提供了重要基础。

在革命时期的工匠精神，主要体现在大大小小的革命根据地建设中。例如，红军被服厂中百余名工人仅使用缴获的6部缝纫机通过手工制作的方式，缝纫军衣、军帽等军用物品，保障满足前线战士需要。同样，在土地革命战争时期成立的中央革命根据地，面对国民党连续不断地军事"围剿"和严密的经济封锁，根据地经济几近崩溃。为了保证根据地的用盐需求，组织群众自力更生、勇于创新，开展熬硝盐运动。

抗日根据地建立后，在资金极度缺乏、工具极其缺少的条件下，八路军"三五九旅"发挥军民的聪明才智，学习技术、制造工具，号召在南泥湾开荒，不仅为抗战奠定了物质基础，也孕育了南泥湾精神。

在大生产运动和劳动竞赛等群众性经济建设活动中，涌现了大批技术能手和劳动模范。例如，1950年劳动英雄赵占魁被评为全国劳动模范，毛泽东同志称他为中国式的"斯达汉诺夫"。在高达2000℃的高热熔炉面前，赵占魁不畏高温，在没有任何保护措施的情况下坚持作业。他刻苦钻研，精进炼铁技术，有效提高产品质量。又如，新中国兵器工业的开拓者吴运铎，从一个兵工"小白"逐步成为"大咖"，在当时材料极其紧缺的条件下，突破一道又一道难题，为我国兵工领域作出突出贡献，被誉为中国的"保尔·柯察金"。

这一时期的工匠精神是在革命与实践中锻造出来的，进一步实现了对传统工匠精神的传承与超越，赋予其革命性的内涵。为推倒压在旧中国人民身上的"三座大山"，中国共产党领导人民建设革命根据地，广泛开展群众动员，涌现出一大批优秀的工匠个体与群体，为革命的胜利奠定了基础，提供了有力支撑与保障，更为社会主义革命与建设播下"火种"。

榜样说

　　亲爱的同志们，我们每个年轻人，都应该是生龙活虎、精力充沛的战士，随时准备到最艰苦、最困难、最需要的地方去。我们要永远记住毛主席的教导，做一个毫无自私自利之心的高尚的人，纯粹的人，把我们的力量、我们的智慧、我们的生命，我们的一切，都交给祖国、交给人民、交给党吧！

——吴运铎《把一切献给党》

2.社会主义建设时期的工匠精神

　　新中国成立后，由中国共产党领导的对农业、手工业、资本主义工商业进行的社会主义改造，使我国进入了社会主义初级阶段。自社会主义工业化起步至改革开放前期，我国完成四个"五年计划"。虽然有各种因素的干扰，致使我国工业化发展较为曲折，但工业产值总体呈现上升趋势。取得这些成就少不了工匠们的默默付出，他们艰苦奋斗、甘于奉献，肩负起国家、民族的重任，为国家摆脱一贫如洗的状况不懈努力。各行各业都涌现出一大批具有"工匠精神"的优秀人才，为我国社会主义建设作出杰出贡献。

　　例如，金属加工领域，倪志福经过反复研究试验，发明的新型钻头被称为"倪志福钻头"，大大提高了钻头的使用性能和切削寿命；大庆油田的石油工人王进喜，展现了中国石油工人的硬骨头精神，用身体充当搅拌机，制服井喷，保护工友安全，保证生产；作为"燕京第九景"的张秉贵，在平凡的售货员岗位上工作了30多年，练就了令人称奇的"一抓准""一口清"技艺和"一团火"的服务精神，服务顾客近400万人次，没跟顾客红过一次脸、拌过一次嘴，没有怠慢过任何一个人。正是一批批能工巧匠执着专注、甘于奉献、追求卓越，有力推动了社会主义建设事业的蓬勃发展，加快了我国社会主义工业化进程。

　　（1）在工业方面，我国形成机床制造、钢铁冶金、机械电子、能源化工、汽车、船舶、飞机、火箭、卫星、材料科学、信息技术、生物科技各领域门类齐全的产业，工业体系独立。例如，1968年12月底，由中国人自行设计、自主建造的双层式公铁两用特大型桥梁——南京长江大桥全面建成通车，中国人民千百年来孜孜以求的建桥梦在中国共产党的领导下终于实现。

　　（2）在科技方面，我国"两弹一星"、人工合成胰岛素、大型计算机、核潜艇等许多领域的研制都进入了世界先进行列。例如，1964年中国第一颗原子弹爆炸成功，使我国成为世界上第五个拥有原子弹的国家。这是我国国防和科学技术方面取得的重大突破，将我国军事影响力提升到了世界先进水平，为社会主义建设和发展营造相对和平稳定的环境。

（3）在农业方面，1975年袁隆平院士攻克了"制种关"，总结制种技术，使中国的杂交水稻从实验阶段走向了大规模培育阶段，极大地提高了中国的粮食产量。在东南亚地区，如越南、老挝、柬埔寨等国家已经不同程度进口中国的杂交水稻，在南亚地区的孟加拉国、巴基斯坦、斯里兰卡等国家也开始普及。

在新中国成立后的短短30年内，我国在生产关系方面由落后的小生产、小农业、小工业发展成了先进的大生产、大农业、大工业，形成独立自主的工、农、商经济一体化运转的体系。

工匠精神为社会主义建设提供了源源不断的精神动力。社会主义建设时期，我国的工业基础十分薄弱，为了追赶世界新工业革命的"脚步"，工匠们的主要任务是做出产品，经历从"无"到"有"，再到"优"的过程。在生产方式处于剧烈变革的时期，工匠们更加专注、认真，积极汲取国外工匠先进的劳动方式，取长补短，发奋图强。正是这种精神支撑和激励着千千万万的社会主义建设者，为人民的幸福生活奋勇争先、艰苦拼搏，为中华民族的光辉前途不懈努力，筑起改革开放和社会主义现代化建设的宏图伟业。

（三）改革开放和新时代以来的工匠精神

1.改革开放和社会主义现代化建设时期

1978年召开的党的十一届三中全会开启了改革开放的大门。站在新的历史起点，党领导广大人民群众以主人翁姿态焕发出冲天的干劲，以极大的劳动热情投身于国家建设事业中，使得现代化建设飞速发展。我国工人阶级的劳动素质不断提高，队伍不断发展壮大，很多已经具备现代化的生产管理意识，能够学习、掌握现代科学技术，社会生产力快速发展，使我国仅用几十年时间就走完发达国家几百年的工业化历程。

改革开放时期涌现出一批传承工匠精神的优秀代表。例如，"当代毕昇""汉字激光照排系统之父"王选，成为中国古代四大发明的真正继承者和开拓者。在当时条件艰苦、缺乏经费的情况下，他硬是杀出一条"血路"，终于在1979年7月27日用激光照排机成功印刷出一张排版布局复杂的8开报纸样纸。自此，我国印刷业由活字时代迈入激光照排时代。又如，中国第一、全球第二的充电电池制造商王传福，靠着技术出身，一直推崇"技术为王、创新为本"，多次突破技术难关，掌握核心技术。2014年，王传福摘得有新能源界"奥斯卡"之称的"扎耶德未来能源奖"个人终身成就奖。

除了王选、王传福等大国工匠作为劳动个体践行工匠精神外，还有许多工匠群体也在为社会主义现代化建设贡献力量。

2006年7月1日，世界上海拔最高、线路最长的高原冻土铁路建成通车运营，这是中国新世纪四大工程之一。从事高铁研制生产的铁路工人，面对时间紧、任务重、施工难度大等诸多挑战，排除万难、自强不息，仅用5年时间就建成这条世界一流的铁路。青藏铁路的建成改变了青藏高原贫困落后的面貌，对实现中国地区经济的平衡、协调发展和优势互补具有重大战略意义。截至2022年底，全国铁路营业里程达到15.5万公里，其中高铁4.2万公里（图3-6）。

图3-6　深圳北站高铁站台夜景

　　一大批现代化的工匠，将专注专业、追求卓越的理念和要求融入技术改进、产品生产、服务发展的各个环节，创造了无数令世界为之惊叹的中国制造奇迹。国民经济快速发展，经济实力不断提升，使中国一跃成为世界第二大经济体，进出口总额年均增长16.6%，为全球经济增长作出了巨大贡献；科学技术突飞猛进，发明专利申请授权21.71万件，增长63倍，科研人员和在校大学生数量居世界第一位；秦山核电站并网发电成功、载人航天工程、青藏铁路工程、长江三峡水利枢纽工程等取得重大成就。

2.中国特色社会主义进入新时代

　　党的十八大以来，中国特色社会主义进入新时代。新时代的工匠精神是中国劳动精神的具体呈现，作为重要的精神指引推动新时代产业工人队伍建设，进一步提高我国技术创新体系质量，助力新时代经济高质量发展。

　　新时代以来，工匠精神正促进中国制造业实现质的飞跃。在科技领域，取得"天河一号""天宫二号"、国产大飞机和港珠澳大桥建成通车等重大突破，不断为中国制造书写新的高度。我国工人队伍在实现中国梦的伟大进程中，奋勇争先、勇攀高峰，用智慧和汗水营造了劳动光荣、人才宝贵、技能报国的社会风尚。如今，中国是世界上最有潜力的超大规模市场，经济发展质量需要大幅度提高，这时候就需要在全社会弘扬工匠精神。

榜样故事

"金手天焊"高凤林

　　火箭总装厂特种熔融焊接工，被人们称为焊接火箭"心脏"的"金手天焊"、焊接火箭"心脏"的"中国第一人"高凤林，他人生中80%的时间都给了工作，15%的时间用来学习，仅剩余5%的时间留给家人。有一年连续攻关一个月，他几乎没有合眼，每天在车间干到凌晨五点多，回家洗把脸，八点又准时出现在车间。如今，他仍然奋战在一线，继续承担我国重器发动机的生产。虽然工作量已经减少了很多，但他工作之余仍时常在工作车间内走走看看，为我国熔焊业未来培养中坚力量。

（资料来源：编者根据相关资料整理）

大国崛起，匠心筑梦。回望中国共产党领导的百年征程，正是一批批勇于奉献、敢于牺牲、精益求精的能工巧匠们，为社会主义建设作出杰出贡献，并取得一系列的重大成就。展望新时代，没有工匠精神，就不可能实现制造大国向制造强国的跨越，更不能实现由中国制造向中国"智"造转型升级。在全社会大力弘扬工匠精神，激励新时代大学生走技能成才、技能报国之路，加快建设知识型、技能型、创新型劳动大军，为全面建设社会主义现代化国家提供有力的人才支撑，提供强劲动力。

二、工匠精神的内涵

随着时代的发展，工匠精神的内涵已不独属于工匠这个群体，而被推行到更广泛的行业，不仅存在于制造业，还存在于服务业、农业等各个行业。在全社会大力弘扬和践行工匠精神，具有重要意义。

工匠精神是一种职业精神，它是职业道德、职业能力、职业品质的体现，还是从业者的一种价值取向和行为表现。

新时代工匠精神的内涵是执着专注、精益求精、一丝不苟、追求卓越。

（一）执着专注

执着专注是工匠着眼于工作细节的耐心、执着和坚持的精神，是一种坚定不移向着目标前进的精神状态，是做好事情的前提条件，是工匠精神必须具备的精神特质。只有对所从事的职业执着、专注，才能真正投入其中，甚至花费毕生的精力去追求。

1.执着是坚持的内核

执着是工匠精神的内核，是一种人生态度，是永不放弃的精神，是对某一事物或某一信念极强的渴望，是难能可贵的坚持。"不积跬步，无以至千里；不积小流，无以成江海。"意思是说，不积累一步半步的行程，就没办法达到千里之远；不积累细小的流水，就没有办法汇成江河大海。没有什么可以随便成功，真正完美极致的作品、精湛的手艺、伟大的成就，都需要日积月累，需要长久地坚持。

2.专注是宝贵的品格

专注是工匠最宝贵的品格之一。专注是一种埋头苦干、潜心修行、心神专注、心无旁骛的宝贵品格；是专于其心、一心一意、一次只做一件事；是将所有的智慧与心力聚焦于手头工作，一心扑在事业上，不轻易被其他诱惑所动摇。工匠面对难题不轻易放弃，刻苦钻研、深入研究、反复琢磨与试验，融会贯通各类知识，努力精进自己的技艺，倾尽全力打磨产品，使最终的工作成果经得起推敲。例如，"电焊花木兰"易冉就践行执着专注的工匠精神，20多年如一日地攻坚克难与执着求索，由她参与焊出的8万余辆新型重载高速铁路货车质量全优。

执着专注的工匠精神就是不达目标不止步，几十年如一日地坚持，在工作中全情投入、坚持不懈，付出全部热情和精力。

> **榜样说**
>
> 别担心付出得不到回报。心心在一艺，其艺必工；心心在一职，其职必举。
>
> ——易冉　中车株洲车辆有限公司电焊高级技师

（二）精益求精

精益求精是工匠精神的灵魂所在，是工匠对作品品质的极致追求，是从业者对每件产品、每道工序都凝心聚力、孜孜不倦、反复改进、追求极致的职业品质。

1.追求极致

"没有最好，只有更好""止于至善"是工匠对自己的严格要求。工匠对自己的作品要求严格，注重细节、追求极致，不惜花费大量的时间与精力对作品精雕细琢，将追求极致的工匠精神融入设计、生产的各个环节中，将产品品质从99%提高到99.99%，只为做出精品。

2.干一行、精一行

"天下大事，必作于细"，这是工匠对自己所从事的工作和岗位兢兢业业、认真负责、潜心钻研的态度。在专业上不断精进、寻求突破，做到干一行、精一行。例如，我国第二代研磨师叶辉，在岗位上磨炼20年，练就纳米级"航天精度"的绝活，为我国航天事业作出突出贡献。

品质就是生命。精益求精是工匠对工作极度认真负责、追求极致的职业品质，力求在已有的工作基础上有更高的突破与创新。工匠以恭敬的态度做好每一道工序、每一个环节，以确保实现产品的最优品质，用完美业绩和产品为自己代言。

> **榜样说**
>
> 研磨量块就是打磨人生。零件有瑕疵，犹如人生有缺陷，只有经过一遍遍打磨，才能打造精品、创造精彩。
>
> ——叶辉　中国航天科工二院某军工厂计量与食品设备管理处研磨师

（三）一丝不苟

一丝不苟是工匠严谨细致、求真务实的职业态度，这是每名工匠都必备的品质。一丝不苟是不容许微小的误差和疏忽，不放过任何一个细节，做到"零误差"，是对自己的工作负责，对产品负责。

1.严谨细致

办事认真、严谨细致，把好细节关、做好关乎产品质量的各个环节，是保证做出优质产品的重要因素。对待任何细微之处都抱有严谨细致的态度，认真钻研每一个微小的环节，严格遵守操作规程和工作步骤，是不断提高产品质量、提升产品竞争力的关键环节。无论从事什么样的工作，都应该做到一丝不苟、认真完成，这是劳动者最基本的责任和义务，更是成为一名优秀工匠的先决条件和重要基础。

2.求真务实

"偏毫厘不敢安"，最细微的地方都不能放过是一丝不苟态度的重要体现。一丝不苟是工匠追求的高贵品质，旨在打磨优质产品，做到至善至美。工作上集中精力、一心一意、潜心钻研、求真务实、不搞形式主义、不做表面工作、不留遗憾，用结果说话。例如，"深海宇航员"韩超作为第一个获得国际认证的"ROV总监"资质的中国人，在海平面以下300米处，连光都照不到的黑暗区域进行施工，一丝一毫的偏差都有可能造成项目停工，但他却以精湛的技术，参与完成"海基一号""深海一号"等水下施工任务。

遥控无人潜水器

一丝不苟的工匠精神作为实现精益求精的必要素质，主要体现在工匠始终如一地严格遵守工作规范和质量标准上。工匠在工作岗位上认真做事，始终严格遵循工作规范和质量标准，一板一眼做好每一步，不投机取巧，不寻求"捷径"，不放过任何一个细节和细微之处，确保每次的操作结果都符合标准。

（四）追求卓越

追求卓越是对自己现有水平的突破，用积极的行动争取达到非常优秀的状态，对自己超越一般水平并达到极高水准的要求，是工匠精神的灵魂。"卓越"代表产品的优秀程度，在运用最好的资源情况下，把自身的能力和技术发挥到极致，让产品达到最优。

1.自我突破

追求卓越指工匠对自身和当下的制造技艺和能力的再次突破，挖掘自身最大的潜力。追求卓越是工匠造物的首要目的，提高产品完成度的内在动力。工匠始终不断磨炼技艺，摒弃墨守成规、因循守旧的"匠气"，在前人的基础上不断创新、找寻新路，追求完美和极致，以创造出无可挑剔的精品。

2.技术、方法的突破

追求卓越是工匠对现有制造方法和技术的不满足，更是对新技艺、新方法的追求。追求卓越的工匠精神是在继承原有技术、方法上的创新，突破现有工艺的束缚，提高产品生产效率，推进产品升级换代，创造出更优质的产品。例如，战鹰"心脏"手术师孙红梅，作为中国空军航空修理系统焊接专业首席专家，研发10余项核心修理技术，攻关100余项技术难题，其中7项获专利，以追求卓越的工匠精神护航战鹰在蓝天上翱翔。

不论是对现有方法和流程的再创新，还是对自身技艺的提升，都体现了劳动者不满足现状的心理。追求卓越的工匠精神是劳动者实现内部、外部双重突破，是向着更高的目标、更理想的状态不断突破。

> **榜样说**
>
> 从最开始不能修，到现在我们把变形范围降到0.003毫米这个数字，这一路我们走了很多很多年。
>
> ——孙红梅　中国人民解放军某军工厂焊接工

三、新时代大学生践行工匠精神

新时代大学生是未来各行各业的中流砥柱，是祖国未来的建设者。制造业作为国民经济的主体，是科技创新的主战场。目前，我国正迈入新发展阶段，新时代大学生需要身体力行践行工匠精神，适应时代发展，找准目标，多学多思多练，逐梦前行，促进自身成长成才，为中国制造业迈上更高台阶提供动力。

（一）传承匠心精神

何谓"匠心"？匠心是能工巧匠之心，指精巧、精妙的心思。匠心精神指一生重复做一件事，把这件事做到极致的职业态度。作为新时代大学生，我们应当如何传承匠心精神呢？

1.守匠心

当今社会，机械化生产提高了工业生产率，很多工作由计算机、机器完成，因此很多劳动者在工作中觉得单调、机械和乏味，甚至觉得没有必要，这实质上是缺少了匠心精神。匠心是工匠精神的第一要素，是工匠精神的核心价值与灵魂所在，只有耐得住寂寞、忍得住烦闷、坐得住"冷板凳"，才能真正算得上匠心的守护者。

新时代大学生要对大国工匠始终怀有敬畏之心，学习他们身上一丝不苟、追求极致的工匠精神。对待专业学习始终抱有严谨求真的态度，对专业执着坚守。无论从事哪方面的研究，遇到难题时不轻易放弃，有不屈不挠精神，面对挫折不后退，坚持努力。在平时的学习中，大学生要制定学习目标，心无旁骛、专心致志地按照计划学习。即使面对纷繁复杂的外界环境，也能专注用心，经得起诱惑，不被外界干扰。

2.践匠行

践匠行是指工匠们做事的行为和原则。培养工匠精神不能是一时兴起，为了追求时尚而随波逐流，需要真抓实干、脚踏实地的践行。新时代大学生在专业学习中要有正确的学习态度，做好专业学习的定位，勤奋进取，发挥自己的优势和专长，在理论和实践中不断磨炼自身的专业技能，在技能学习中用心用力。做事不能急于求成，只有付出努力并持之以恒、刻苦钻研、追求极致才会见效。在生产实践中要注重将理论学习与生产实践相结合，不但学习本专业的知识，还要通过课程设计、毕业设计等环节的实践训练，亲自动手操作，进一步提升专业能力和职业素质，把自己培养成为新型高素质人才。

传承匠心精神，就是守住匠心、践行匠行。守住匠心，就是守住严谨求实、精益求精、创新进取之心；践行匠行，就是在平凡中作出不平凡的坚持，以工匠精神作为自己的理想信念，践行执着专注、一丝不苟的工匠精神，细致、耐心地打磨每一件作品，在烦琐、枯燥的工作中追求卓越。

案例精选

"90后"焊接工人——邵旭鹏

从一名普通工人成长为行业内的技术领军人才，"90后"焊接工人邵旭鹏用了10多年时间。2009年，邵旭鹏从石河子工程职业技术学院毕业后，来到新疆天业（集团）有限公司实习。他仅花了4年时间，就完成了从中级工到高级技师的"多级跳"，成为公司里最年轻的高级技师。

2021年，邵旭鹏获得国务院特殊津贴。2022年7月13日，邵旭鹏作为兵团老中青三代建设者代表受到习近平总书记亲切接见。"见到习近平总书记的那一刻，我的心情别提有多激动了。当时我就暗下决心，要继续弘扬工匠精神，做一个'匠人'，传一颗'匠心'，不辜负党的关怀与培养。"他先后获得全国青年岗位能手、全国技术能手、兵团职业技能电焊工大赛冠军、企业金牌员工等荣誉。

作为一名"90后"焊接工人、高级技师，邵旭鹏执着专注、精益求精，数年如一日，攻克了多项难关，用一丝不苟的态度践行了追求卓越的工匠精神。

（资料来源：编者根据相关资料整理）

（二）勇于开拓创新

创新是对原有事物的改造，对已有事物进行变革与创新。《论语·为政篇》中有曰："温故而知新，可以为师矣。"意思是时常温习旧知识，从而得到新的理解与体会，凭借这一点就可以成为老师。我们所处的时代无时不在新旧交替，行业发展变化更是日新月异。在这样的环境下，新时代大学生要紧跟时代的发展做出调整，成为新时代的开拓者。从实际出发，不因循守旧，创新学习方法，不断自我完善与自我提高，提升自身素养与技能水平，以顺应时代趋势。

1.突破思维定式

工匠精神倡导从业者追求卓越，勇于革新创造，不断超越原有的成绩。新时代大学生需要实现自我发展与成长。在学习中勤于思考，敢于打破常规、敢于质疑传统观念。从旧事物中寻找新道理，从旧知识中寻找新逻辑，找出新价值，创造新的事物。在学校积极参加创新创业、科技创新等大赛活动，开拓思维，锻炼技能，实现个人成长。

2.勇于抓住机遇

党的二十大报告指出："建设现代化产业体系。坚持把发展经济的着力点放在实体经济上，推进新型工业化，加快建设制造强国、质量强国、航天强国、交通强国、网络强国、数字中国。"实现强国梦，需要大量高技能人才做支撑。新时代大学生恰逢其时，舞台广阔，要抓住机遇、珍惜时光、勤奋学习，不断提升专业能力与职业素质。

新时代以来，科技发展日新月异，智能化、电子化、机械化成为时代鲜明的特征，劳动形态也随之发生改变。新时代大学生要尽快适应时代的发展节奏，善于观察与发现，用自己的智慧充分拓展思维、突破思维边界，在深入研究的过程中发现新事物、学习新知识，勇于抓住机遇，开拓创新，迎接挑战。

（三）实现职业价值

工匠精神体现了社会主义核心价值观的内在要求，是对社会主义核心价值观在个人层面"爱国、敬业、诚信、友善"上的重要践行，要求大学生在工作岗位上尽心尽力、尽职尽责，从而实现职业价值。

1.培养职业道德意识

工匠精神是职业道德的重要体现，《新时代公民道德建设实施纲要》中提出："要大力倡导以爱岗敬业、诚实守信、办事公道、热情服务、奉献社会为主要内容的职业道德，鼓励人们在工作中做一个好建设者。"有关数据显示，进入工作岗位后有相当一部分大学生因缺乏职业持续发展的主体性精神而频繁更换工作。作为推动国家发展的重要力量，大学生既要具备扎实的理论素养，又要有良好的职业道德。

实现职业价值与个人成就除了需要扎实的理论素养之外，还需要有乐于求知、勤于动手、精益求精、努力践行，把事情做到极致的工匠精神。坚守职业道德，履职尽责地做好本职工作，打消贪图享乐的念头，淡化对金钱和权力的崇拜，全身心投入社会主义现代化建设之中。

2.树立职业使命感

具有职业使命感的人往往会将自身的同一性与所从事的职业联系在一起，将工作、个人及社会结合在一起，希望自己的工作能为社会作出有价值的贡献，专注坚守，具备高度的职业人格，并在工作中体验到内在的乐趣和实现自我价值。新时代大学生需要明确学习目的、了解行业发展前景、做好职业未来发展规划，努力学习科学文化知识，刻苦钻研精进技艺，将个人的未来发展与国家发展相结合，成为高素质劳动者，争做建设"制造强国、质量强国"的重要力量。

3.增强家国情怀

"国家兴亡，匹夫有责。"作为新时代大学生，要相信伟大的祖国，热爱伟大的祖国，努力建设祖国，要让蓬勃的青春与国家的命运同频共振。只有将个人梦想和国家追求紧密联系在一起，在自己的岗位上自觉地担当、自觉地奋斗，才能托起多姿多彩的家庭梦、事业梦、人生梦，共同托起中华民族伟大复兴的中国梦。

新时代大学生践行工匠精神，对待任何事情要始终秉承严谨负责、追求极致的态度，达到从业者最基本的职业道德要求。一个具有工匠精神的人，要始终对工作保持热爱与执着，在遇到困难时不畏缩、不后退，要不断学习、磨炼技艺，将职业当成事业，具有强烈的职业使命感，并全身心投入其中。

大学生践行工匠精神，必须在不断的实践中提升自己的工匠品质。在学中做、在做中学，深刻理解理论知识，扎实掌握技术技能，提升创新创业能力，养成大国工匠的行为方式，有匠心、践匠行，做有强烈职业使命感的社会主义建设者和接班人。因此，具备工匠精神的高素质人才能够为我们实现中华民族伟大复兴、实现中国梦提供不竭动力。

课后思考

1.劳动精神、劳模精神、工匠精神的内涵是什么？

2.想一想，你知道哪些大国工匠的典型事迹，他们身上有哪些精神值得我们学习？

3.新时代大学生如何践行劳动精神、劳模精神、工匠精神？

实践活动

具体内容见《新时代大学生劳动教育》实践手册的"实践任务五""实践任务六"。

第四章

劳动科学知识

劳动科学知识主要包括劳动法律、社会保障、职业安全保障、职业心理健康四个方面。本章对这四个方面的基本常识进行了简要介绍，并着重阐述了与大学生未来职业发展密切相关的常见问题及应对方法，旨在帮助大学生掌握相关知识、提高劳动意识，为未来的劳动生产活动做好充足的准备。

知识导图

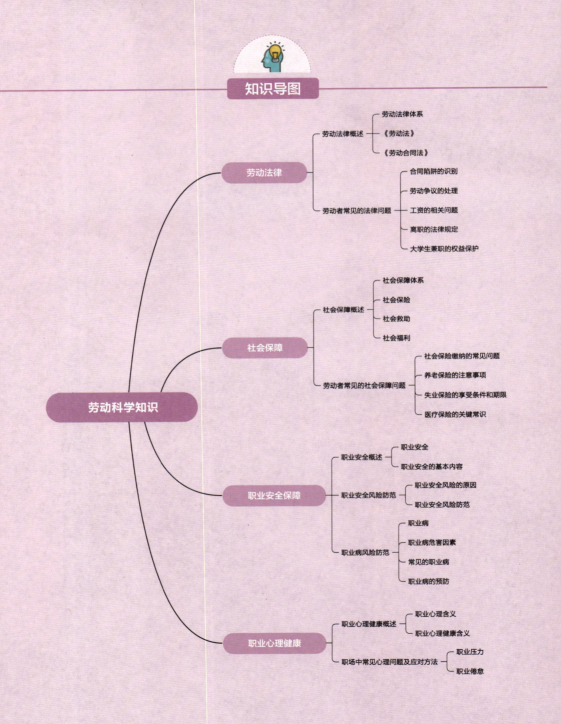

学习目标

★**知识目标：** 了解劳动法律、社会保障、职业安全保障、职业心理健康的基本知识及常见问题的应对方法。

★**能力目标：** 学会运用相关知识分析和解决劳动生活中的实际问题。

★**素质目标：** 理解劳动法律、社会保障、职业安全保障、职业心理健康等劳动科学知识与劳动者之间的联系，主动增强劳动安全与保障意识。

案例导入

为新业态从业者系好"安全带"

刚从学校毕业的小刘应聘成为一位外卖骑手，还在试用期的他，因为不熟悉路线，经常因超时被扣钱。不到一个月的时间，因为送餐着急，小刘闯了3次红灯。"没办法，一上线就心慌。没单子着急，有单子也着急，稍不留神就被罚款了。"为了提高收入，小刘不停地接单送单，身体和心理都面临着很大的压力。思考再三，小刘决定辞职。本以为来去自由，不料站点说需提前两个月提交辞职申请。"劳动法不是规定只需提前30天通知单位就可以吗？"小刘对此非常困惑。在成为骑手的第40天，提交辞职申请的第10天，他在骑车送餐经过一个地下通道时意外跌倒。经检查，他的左腿胫骨粉碎性骨折。摔伤的第2天，小刘就收到了一条离职短信，小刘不知所措……

外卖骑手、主播、试吃员、互联网营销师、密室中控运营师……近年来涌现出的这些新职业，已成为城市运转不可或缺的一部分，也成为当下劳动者就业的新选择。新就业形态中的劳动者数量庞大，存在劳动关系认定难、社会保障不足、生存状态较差、组织程度偏低、权利救济困难等问题。为保障新业态从业劳动者的合法权益，更好地发挥新就业形态在稳就业保民生中的作用，我国出台了《关于维护新就业形态劳动者劳动保障权益的指导意见》等文件，明确了新业态从业劳动者的权益保障责任，完善基本养老保险、医疗保险等相关政策，推动出行、外卖、即时配送、同城货运等行业新业态从业人员职业伤害保障试点工作，不断补齐劳动者权益保障短板。

我国高度重视劳动者的权益保障，着力提升广大劳动群众的获得感、幸福感、安全感，让劳动者更有保障、更有尊严。但劳动者的权益保障不是单方面的，无论是传统业态从业者还是新业态从业者，都要自觉增强劳动保障意识，主动学习劳动科学知识，了解国家相关法律、法规和政策，共同系好"安全带"。

思考：

1. 从小刘的身上，你看到劳动者应该掌握哪些劳动科学知识？

2. 国家从哪些方面着手为新业态劳动者系好"安全带"？

党的二十大报告指出："我们要实现好、维护好、发展好最广大人民根本利益，紧紧抓住人民最关心最直接最现实的利益问题，坚持尽力而为、量力而行，深入群众、深入基层，采取更多惠民生、暖民心举措，着力解决好人民群众急难愁盼问题。"其中，完善劳动者权益保障制度、健全社会保障体系、保障人民健康安全是增进民生福祉，提高人民生活品质的重要内容，也是劳动者最关心最直接最现实的问题。

现实生活中，很多劳动者对我国劳动领域相关制度和规定缺乏了解，面对工作中的困境和问题经常束手无策。大学阶段是由"学生"到"劳动者"的过渡期，是培养未来高素质劳动者的重要阶段。即将走入职场的大学生，要适应时代发展，成为知识型、技能型、创新型劳动大军的新生力量，必须掌握与职业发展密切相关的劳动法律、社会保障、职业安全保障、职业心理健康等劳动科学知识。

● 第一节　劳动法律 ●

党的二十大报告指出："我们要坚持走中国特色社会主义法治道路，建设中国特色社会主义法治体系、建设社会主义法治国家，围绕保障和促进社会公平正义，坚持依法治国、依法执政、依法行政共同推进，坚持法治国家、法治政府、法治社会一体建设，全面推进科学立法、严格执法、公正司法、全民守法，全面推进国家各方面工作法治化。"劳动法律体系是中国特色社会主义法治体系的重要组成部分。劳动法律知识与劳动者的职场生活紧密相关。学习劳动法律知识，是大学生学会更好地维护自身合法权益的需要，也是成为一名知法、懂法、守法、用法的劳动者的需要。

一、劳动法律概述

党的二十大报告强调要"健全劳动法律法规，完善劳动关系协商协调机制，完善劳动者权益保障制度，加强灵活就业和新就业形态劳动者权益保障"，为我国的劳动者权益保障制度在中国式现代化发展中不断丰富和完善指明了方向。

劳动法律指调整劳动关系以及与劳动关系有密切联系的其他社会关系的法律。改革开放以来，我国已建立起中国特色劳动法律制度。全国人大及其常委会颁布了《中华人民共和国劳动法》（以下简称《劳动法》）、《中华人民共和国劳动合同法》（以下简称《劳动合同法》）等多部劳动法律，国务院及其行政部门也颁布了一系列劳动行政法规和规章，在调整劳动关系双方的权利义务、保护劳动者合法权益、构建和谐劳动关系等方面发挥着重要作用。

（一）劳动法律体系

劳动法律体系所调整的范围涉及劳动关系的方方面面，内容十分丰富，大到劳动者与用人单位是否存在劳动关系，小到加班工资怎么计算。具体而言，主要包括劳动基本法、劳动合同制度、就业促进制度、劳动争议处理制度和社会保险制度（表4-1）。

表4-1　我国的劳动法律体系

体系内容	相应的劳动法律法规	地位作用
劳动基本法	《中华人民共和国劳动法》（1995年1月1日正式施行，2009年和2018年先后两次修订）	我国第一部系统规范劳动关系、规定劳动权利义务内容的综合性法律
劳动合同制度	《中华人民共和国劳动合同法》（2008年1月1日起施行，2012年12月28日修订）	规范劳动者与用人单位之间经协商达成的合同关系，保护双方的合法权益
就业促进制度	《中华人民共和国就业促进法》（2008年1月1日起施行，2015年4月24日修订）	涵盖国家的劳动就业方针、政府为劳动者创造就业条件、提供就业服务、预防失业等方面的责任与措施
劳动争议处理制度	《中华人民共和国劳动争议调解仲裁法》（2008年5月1日起施行）	协调劳动关系、解决劳动争议纠纷、维护劳动关系主体权益
社会保险制度	《中华人民共和国社会保险法》（2011年7月1日起施行，2018年12月29日修订）	使劳动者在年老、患病、工伤、失业、生育等情况下能够从国家和社会获得物质帮助和补偿

　　随着经济社会的发展，我国劳动关系领域出现了许多新情况和新变化。面对新形势和新问题，劳动法律法规需要不断变革与调整。大学生作为未来的劳动者，要全面了解国家的劳动法律体系，自觉学习最新的劳动法律法规，掌握一些常用的劳动法治知识，养成办事依法、遇事找法、解决问题用法、化解矛盾靠法的法治思维和行为习惯，在法治的护航下，走稳走好步入职场、融入社会的每一步。

（二）《劳动法》

　　《劳动法》是整个劳动法律体系中的基本法，涉及劳动关系和劳动保护的各个方面，为其他与劳动相关的法律、法规和规章的制定出台提供了基本依据。

1.《劳动法》的内容构成

　　《劳动法》共13章107条，包括总则、就业促进、劳动合同和集体合同、工作时间和休息时间、工资、劳动安全卫生、女职工和未成年工特殊保护、职业培训、社会保险和福利、劳动争议、监督检查、法律责任、附则。

不属于《劳动法》调整范围的人员

2.劳动者的权利与义务

　　《劳动法》的核心是确定劳动法律关系双方的权利和义务，并保证劳动法律关系双方权利和义务的实施。因劳动者较用人单位而言处于弱势地位，所以《劳动法》明确规定劳动者享有的基本权利及义务，体现了《劳动法》对劳动者权益的倾斜性保护。

（1）劳动者的基本权利包括平等就业和选择职业、取得劳动报酬、休息休假、获得劳动安全卫生保护、接受职业技能培训、享受社会保险和福利、提请劳动争议处理以及法律规定的其他劳动权利。

（2）劳动者的基本义务包括完成劳动任务、提高职业技能、执行劳动安全卫生规程、遵守劳动纪律和职业道德。除了上述义务外，劳动者还有依法履行劳动合同、保守用人单位秘密、参加社会保险等义务。劳动者没有按规定履行劳动义务的，应当承担相应的责任，用人单位对劳动者履行劳动义务有监督的权利，如劳动者严重违反履行劳动义务的规定，用人单位有权解除劳动合同。

大学生要深刻认识《劳动法》的地位和作用，在校期间就要熟悉和了解《劳动法》的基本内容，熟知劳动者的基本权利和义务，增强法律意识，自觉使用《劳动法》的相关规定分析发生在自己身边或社会生活中存在的劳动者合法权益受到侵害的现象，自觉成为《劳动法》的忠实崇尚者、坚定捍卫者、积极宣传者，为成为一名知法、懂法、守法的劳动者做好准备。

（三）《劳动合同法》

《劳动合同法》是自《劳动法》颁布实施以来，我国劳动法治建设的又一个里程碑，是劳动者因劳动合同与用人单位发生争议后最常用到的法律依据。《劳动合同法》的颁布实施，对于更好地保护劳动者的合法权益，构建和发展和谐稳定的劳动关系，促进社会主义和谐社会建设，具有十分重要的意义。

1.《劳动合同法》的内容构成

《劳动合同法》共有8章98条，包括总则、劳动合同的订立、劳动合同的履行和变更、劳动合同的解除和终止、特别规定、监督检查、法律责任、附则。

2.合法订立劳动合同的关键

（1）劳动合同的形式。劳动合同有书面和口头两种形式。在我国，《劳动法》和《劳动合同法》均规定劳动合同应采用书面形式，即只要用人单位与劳动者建立劳动关系，就应当及时订立书面劳动合同。

（2）劳动合同的订立时间。《劳动合同法》规定，延迟或未与劳动者订立书面劳动合同的，都将面临法律的惩罚。具体规定见表4-2。

表4-2　劳动合同的订立

类别	相关规定内容
用工之日起一个月内签订书面劳动合同	符合法律规定

续表

类别			相关规定内容
用工但未签订书面劳动合同	用人单位不签	用工超过一个月不满一年	自用工之日起满一个月的次日至补订书面劳动合同的前一日每月支付两倍的工资，并与劳动者补订书面劳动合同
		用工满一年	自用工之日起满一个月的次日至满一年的前一日应向劳动者每月支付两倍的工资，并视为自用工之日起满一年的当日已经与劳动者订立无固定期限劳动合同，并应立即与劳动者补订书面劳动合同
	劳动者不签	自用工之日起一个月内	用人单位应书面通知劳动者终止劳动关系，无需向劳动者支付经济补偿，但应当依法向劳动者支付其实际工作时间的劳动报酬
		自用工之日起超过一个月不满一年	用人单位应书面通知劳动者终止劳动关系，并支付经济补偿

（资料来源：刘向兵.大学生劳动教育通识.北京：高等教育出版社，2022）

> 📖 **知识拓展**
>
> ### 建立劳动关系的标志：存在事实劳动
>
> 《劳动合同法》第七条规定："用人单位自用工之日起即与劳动者建立劳动关系。用人单位应当建立职工名册备查。"
>
> 劳动关系的建立以存在事实劳动为标志，与是否签订劳动合同没有直接的关系。
>
> 例如，小刘2022年5月4日进入A公司工作，但公司在2022年7月1日才和小刘订立劳动合同。小刘和A公司之间劳动关系建立的时间即2022年5月4日，而非订立劳动合同的7月1日。

（3）劳动合同的内容。由必备条款和约定条款组成：①必备条款包括用人单位的名称、住所和法定代表人或者主要负责人；劳动者的姓名、住址和居民身份证或者其他有效身份证件号码；劳动合同期限；工作内容和工作地点；工作时间和休息休假；劳动报酬；社会保险；劳动保护、劳动条件和职业危害防护；法律、法规规定应当纳入劳动合同的其他事项。②约定条款是指除了必备条款以外，用人单位与劳动者可以根据具体情况进行约定的内容，如可以约定试用期、培训和服务期、保守商业秘密和禁止同业竞争等其他事项。

试用期的相关规定

（4）劳动合同的期限。劳动合同期限有固定期限、无固定期限和以完成一定工作任务为期限三种类型，由用人单位和劳动者协商确定。

大学生因求职心切又缺少必要的法治意识和防范意识，不慎掉入就业陷阱的例子不在少数。其中，个别人甚至因此触犯了法律的底线，令人痛心和惋惜。大学生在未来求职和就业的道路上如何规避风险，一旦被侵权该如何维护自己的合法权益，这些都能在《劳动合同法》里找到答案。作为在校大学生，一要将学习《劳动合同法》作为求职和就业前的必修课；二要明白《劳动合同法》不仅约束用人单位的行为，还约束劳动者的行为。大学生在求职时要填写真实信息，不能伪造学历、证书，隐藏病史或受伤经历等，要对自己的行为负责。

二、劳动者常见的法律问题

劳动法律以保护劳动者的合法权益为立法宗旨，对于劳动者在签订劳动合同、劳动争议处理、工资计算、离职等过程中可能遇到的问题都进行了详细的规定。以下针对劳动者，特别是大学生初入职场时的常见问题进行介绍。

（一）合同陷阱的识别

有些用人单位在与劳动者，特别是初入职场的大学毕业生签订劳动合同时设置陷阱，侵害其合法权益。常见的合同陷阱包括不签订书面劳动合同、省略关键内容的合同、真假合同等。

1.不签订书面劳动合同

有一些用人单位以口头约定代替书面劳动合同，或者故意拖延，甚至拒绝与劳动者签订书面劳动合同，以逃避应当履行的劳动合同义务，极大地损害劳动者的合法权益。

遇到上述情况，劳动者可以要求单位支付双倍工资，并补订书面劳动合同。具体内容可参见表4-2。申诉途径包括与企业协商解决、向劳动争议调解委员会申请调解、向劳动争议仲裁委员会申请仲裁、向人民法院提起诉讼。

2.省略关键内容的合同

有的用人单位在劳动合同的关键信息处留白，或事先准备有关工资待遇、社保缴纳等关键信息表述不清的合同，且合同签订后不让劳动者留存，给劳动者今后的维权埋下隐患。

劳动者在签订劳动合同时要仔细查看合同的必备条款，特别是用人单位名称、工资等关键信息，核实无误再签字。对于关键信息空白的，可以拒绝签订。另外，劳动合同应一式两份，由用人单位和劳动者各执一份。如果用人单位把劳动者的劳动合同收回了或者只签一份合同，劳动者可以去当地劳动行政部门投诉。

3.真假合同

真假合同又称"阴阳合同"，指用人单位与劳动者签订了两份合同，一份是双方真正履行的不规范的"阴合同"，另一份是用来应付劳动部门检查的合法规范的"阳合同"。这种情况下，劳动者的合法权益很容易受到侵害。

用人单位签订"阴阳合同"是违法的，因为这违背了劳动者的个人意愿，同时也侵害了劳动者的相关权益。如果一方以欺诈或胁迫的方式订立相关的合同，不仅损害国家的利益或公民的利益，并且涉嫌恶意串通等违法行为，那么订立的合同是无效的。如果用人单位要求劳动者签订"阴阳合同"，劳动者要学会说"不"。为了防止日后出现劳动合同纠纷时对自己产生不利影响，可以通过复印、拍照的方式保留相关证据。

课堂探究

如果请你给即将走入职场的大学毕业生一个避免合同陷阱的"锦囊"，你会写一些什么？

（二）劳动争议的处理

劳动争议又称劳动纠纷、劳资纠纷。劳动者与用人单位之间发生劳动争议的情况往往难以避免，但很多劳动者对相关劳动法律法规认识不足，难以运用法律维护自己的合法权益，处理不当还会影响未来的职业发展与规划。

职场中证据意识
很重要

1.劳动争议的适用范围

《中华人民共和国劳动争议调解仲裁法》（以下简称《劳动争议调解仲裁法》）第二条规定："中华人民共和国境内的用人单位与劳动者发生的下列劳动争议，适用本法：

（一）因确认劳动关系发生的争议；

（二）因订立、履行、变更、解除和终止劳动合同发生的争议；

（三）因除名、辞退和辞职、离职发生的争议；

（四）因工作时间、休息休假、社会保险、福利、培训以及劳动保护发生的争议；

（五）因劳动报酬、工伤医疗费、经济补偿或者赔偿金等发生的争议；

（六）法律、法规规定的其他劳动争议。"

2.劳动争议的处理方式

劳动争议的处理方式有协商、调解、仲裁、诉讼四种。具体流程如图4-1所示。

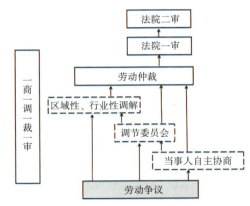

图4-1 劳动争议处理流程

需要注意的是，在劳动争议的处理机制中，协商和调解是可以自由选择的程序，但仲裁是前置程序，劳动争议在没有进行仲裁前，不能直接向法院提起诉讼。

3.劳动争议的举证责任

目前，我国劳动争议处理中举证责任的分配模式是一般规则和特殊规则相结合。一般规则是指"谁主张，谁举证"，即当事人对自己提出的请求，有提出证据加以证明的责任。特殊规则是针对劳动争议的特殊性，规定专属用人单位举证的若干种例外情形。比如，因用人单位做出的开除、除名、辞退、解除劳动合同、减少劳动报酬、计算劳动者工作年限等决定而发生的劳动争议，用人单位承担举证责任。再如，劳动者主张工伤待遇，用人单位不认为是工伤的，由用人单位承担举证责任。

劳动者在平时的工作中应该注意保留有关证据，一旦劳动者与用人单位发生劳动争议，就可以向劳动仲裁委员会申请劳动仲裁。主要的证据包括：

（1）来源于用人单位的证据，如与用人单位签订的劳动合同或者与用人单位存在事实劳动关系的证明材料、工资单、用人单位解除或终止劳动关系通知书、出勤记录等。

（2）来源于其他主体的证据，如职业中介机构的收费单据。

（3）来源于有关社会机构的证据，如发生工伤或职业病后的医疗诊断证明，或者职业病诊断证明书、职业病诊断鉴定书、向劳动行政部门寄出举报材料的邮局回执等。

处理加班费争议，如何分配举证责任

林某于2020年1月入职某教育咨询公司，月工资为6000元。2020年7月，林某因个人原因提出解除劳动合同，并向劳动人事争议仲裁委员会（简称仲裁委员会）申请仲裁。林某主张其工作期间每周工作6天，并提交了某打卡App打卡记录、工资支付记录打印件。该公司不认可上述证据的真实性，主张林某每周工作5天，但未提交考勤记录、工资支付记录。仲裁委员会裁决该公司支付林某加班费10000元（裁决为终局裁决）。

本案的争议焦点是如何分配林某与A公司的举证责任。《中华人民共和国劳动争议调解仲裁法》第六条规定："发生劳动争议，当事人对自己提出的主张，有责任提供证据。与争议事项有关的证据属于用人单位掌握管理的，用人单位应当提供；用人单位不提供的，应当承担不利后果。"《最高人民法院关于审理劳动争议案件适用法律问题的解释（一）》（法释〔2020〕26号）第四十二条规定："劳动者主张加班费的，应当就加班事实的存在承担举证责任。但劳动者有证据证明用人单位掌握加班事实存在的证据，用人单位不提供的，由用人单位承担不利后果。"从上述条款可知，主张加班费的劳动者有责任按照"谁主张谁举证"的原则，就加班事实的存在提供证据，或者就相关证据属于用人单位掌握管理提供证据。用人单位应当提供而不提供有关证据的，可推定劳

动者加班事实存在。

　　本案中，虽然林某提交的工资支付记录为打印件，但与实名认证的App打卡记录互相印证，能证明该公司有加班事实存在。该公司虽然不认可上述证据的真实性，但未提交反证或者作出合理解释，应承担不利后果。故仲裁委员会依法裁决某教育咨询公司支付林某加班费。

（资料来源：人力资源和社会保障部、最高人民法院联合发布

超时加班劳动人事争议典型案例（第二批），有改动）

（三）工资的相关问题

　　工资是劳动关系中的核心部分，是劳动者付出体力或脑力劳动后应得的报酬。我国劳动法律对工资制度进行了规定，以下是劳动者较为关心的几个与工资相关的法律问题。

1. 工资的法律范围

　　劳动法律中的工资是指用人单位依据劳动合同的规定，以法定货币即人民币支付给劳动者的工资报酬。法律规定属于工资范畴的有：基本工资、奖金、津贴和补贴、延长工作时间的工资以及特殊情况下支付的工资等。不属于工资的情形包括：运动员和教练员的奖金，劳动保险与职工福利费用，退休退职人员待遇支出，劳动保护支出，稿费、讲课费等专门工作报酬，出差伙食补贴，误餐补助，自带生产工具补助，职工因持有用人单位的股票或债券而收获的股息（包括股金分红）和利息等。

　　在发生劳动纠纷时，认定工资是解决一切法律问题的基础。不管对用人单位还是对劳动者，严谨地把握工资认定问题是处理一切劳动关系的基础。

特殊情况下支付
的工资如何计算

2. 工资发放的要求

　　（1）工资分配应该遵循按劳分配的原则，实行同工同酬。法律禁止用人单位在工资分配中出现性别和其他与身份相关的歧视，保障所有劳动者享有平等的工资报酬权。

　　（2）工资支付应当以货币形式、按照用人单位与劳动者约定的时间和数额，支付给劳动者本人，由本人签收。工资至少每月支付一次，实行周、日、小时工资制的可按周、日、小时支付工资。对完成一次性临时劳动或某项具体工作的劳动者，用人单位应按有关协议或合同规定在其完成劳动任务后即支付工资。用人单位不得克扣或者无故拖欠劳动者工资。

　　（3）用人单位发放工资应该给付工资凭证，防止其做假工资单，以此少缴纳社会保险和住房公积金，少支付经济补偿金。职工也可通过凭证掌握自己的收入状况，如果出现问题，在诉讼时可以作为证据使用。

3.加班工资的计算

用人单位在劳动者完成劳动定额或规定的工作任务后，根据实际需要安排劳动者在法定标准工作时间以外工作的，应按以下标准支付工资：

（1）在标准工作时间以外延长工作时间的，按照不低于劳动合同规定的劳动者本人小时工资标准的150%支付劳动者工资。

（2）在休息日工作，又不能安排补休的，按照不低于劳动合同规定的劳动者本人日或小时工资标准的200%支付劳动者工资。

（3）在法定休假节日工作的，按照不低于劳动合同规定的劳动者本人日或小时工资标准的300%支付劳动者工资。

需要注意的是，经劳动行政部门批准实行综合计算工时工作制的，其综合计算工作时间超过法定标准工作时间的部分，应视为延长工作时间，并应按法律规定支付劳动者延长工作时间的工资。实行不定时工时制度的劳动者，不执行上述规定。

4.最低工资制度

最低工资指劳动者在法定工作时间或依法签订的劳动合同约定的工作时间内履行正常劳动义务的前提下，由其所在单位支付的最低劳动报酬。

确定和调整月最低工资标准，应参考当地就业者及其赡养人口的最低生活费用、城镇居民消费价格指数、职工个人缴纳的社会保险费和住房公积金、职工平均工资、经济发展水平、就业状况等因素。最低工资标准发布实施后，如上述相关因素发生变化，应当适时调整。最低工资标准每两年至少调整一次。

最低工资不包括延长工作时间的工资报酬，以货币形式支付的住房和用人单位支付的伙食补贴，中班、夜班、高温、低温、井下、有毒、有害等特殊工作环境和劳动条件下的津贴，国家法律、法规和规章规定的社会保险福利待遇。

劳动者依法享受带薪休年假、婚丧假、产假等国家规定的休假期间，以及在法定工作时间内依法参加社会活动期间，用人单位均不得向劳动者支付低于当地最低工资标准的工资。

需要注意的是，如果劳动者存在旷工、迟到早退等没有提供正常劳动等情况，用人单位向劳动者支付的工资可以低于最低工资标准，即按照劳动者实际提供的劳动支付相应工资。

（四）离职的法律规定

作为一名合格的劳动者，在劳动合同解除和终止过程中，应当按照法律的要求合法地行使权利并履行义务。

1.权利方面

（1）劳动者提前三十日以书面形式通知用人单位，可以解除劳动合同。在试用期内提前三日通知用人单位，可以解除劳动合同。

劳动合同解除和终止时经济补偿金适用情形

（2）劳动者可根据劳动合同解除和终止的不同情形，获得相应的经济补偿金或赔偿金。

（3）用人单位应当在解除或者终止劳动合同时出具解除或者终止劳动合同的证明，并在十五日内为劳动者办理档案和社会保险关系转移手续。用人单位对已经解除或者终止的劳动合同的文本，至少保存二年备查。

（4）劳动关系双方依法解除或终止劳动合同时，用人单位应在解除或终止劳动合同时一次性付清劳动者工资。

2.义务方面

（1）做好工作交接。劳动者应当按照双方约定，办理工作交接。工作交接一般由用人单位安排，如果没有安排，劳动者要自己写好工作交接清单，用书面的形式对自己负责的工作进行说明，直接递交上级或人力资源部，并一式两份，自己保留一份有单位盖章或相关人员签字的。

（2）遵守保密协议和竞业限制。当劳动者接触、知悉、掌握商业秘密时，用人单位会要求劳动者签订保密协议，并可以约定不仅在劳动合同存续期间，而且在劳动合同变更终止后直至商业秘密公开为止，员工都不得披露、使用或许可他人使用该商业秘密。

竞业限制是用人单位对知悉本单位商业秘密或其他对本单位经营有重大影响的劳动者的约定，在终止或解除劳动合同后的一定期限内，该劳动者不得在生产同类产品、经营同类业务或有其他竞争关系的用人单位任职，也不得自己生产与原单位有竞争关系的同类产品或经营同类业务。竞业限制的期限由当事人事先约定，但不得超过二年。

知识拓展

竞业限制的人员主要包括哪几类从业者

（1）高级管理人员，即公司经理、副经理、财务负责人、上市公司董事会秘书和公司规定的其他人员。

（2）高级技术人员，即高级研究开发人员、技术人员、关键岗位的技术工人等容易接触到商业秘密的人员。

（3）其他负有保密义务的人员，即其他可能知悉企业商业秘密的人员，如市场销售人员、财会人员、秘书。

（五）大学生兼职的权益保护

1.大学生兼职期间的劳动权益保护

大学生属于在校学生，还不能被称为劳动者。大学生的兼职虽是一种自发行为，不是就业行为，不属于劳动法的调整范围，但大学生兼职期间的劳动权益保护问题也日益受到重视。目前，大学生兼职属于劳务关系范畴，受《中华人民共和国民法典》的调整和规范，可以通过诉讼维权。

📖 知识拓展

人力资源和社会保障部对政协十三届全国委员会第三次会议第4765号（社会管理类336号）提案的答复

人社提字〔2020〕77号

您提出的关于加强兼职大学生劳动权益保护的提案收悉，现就涉及我部职能的内容答复如下：

我国现行劳动保障法律的适用以企业与劳动者之间存在劳动关系为前提，纳入法律调整范围的劳动者依法享有工资支付、工作时间、休息休假、劳动安全卫生、社会保险等劳动保障权益。由于学生的主要任务是在校学习，尚未进入劳动力市场，原劳动部《关于贯彻执行〈中华人民共和国劳动法〉若干问题的意见》（劳部发〔1995〕309号）第十二条明确规定，"在校生利用业余时间勤工助学，不视为就业，未建立劳动关系，可以不签订劳动合同。"因此，在校生利用业余时间在校外兼职没有纳入劳动法律调整范围，可以通过与企业签订民事合同等方式明确双方权利义务关系。但正如您所说，目前，我国在法律和制度层面上尚未建立健全兼职大学生的权益保障机制，一些用人单位滥用在校大学生兼职，以降低用工成本，规避法律责任；一些兼职大学生劳动权益保障不足，特别是发生职业伤害后其权益难以有效维护。

在校学生利用业余时间在校外兼职可以在一定程度上丰富工作经验，提高就业和适应社会的能力，缓解家庭的经济压力。但在校学生毕竟与已经进入劳动力市场的劳动者不同，需要将主要精力放在学习上，以学业为主，并协调好学习和兼职的时间安排，如果兼职学生可以与用人单位建立劳动关系，则用人单位和兼职学生将面临适用劳动保障法律法规所有规定的问题。既不符合学生的身份，实践中也难以落实，并将在较大程度上增加用人单位的成本，不利于为在校学生创造兼职机会。

您提出的关于保障在校学生兼职时的劳动权益的建议很有参考价值，下一步，我们拟做好以下工作：一是进一步深入研究兼职大学生劳动保障权益问题，配合教育等部门参照劳动法等法律法规的相关标准，明确在校学生兼职期间的休息时间、加班限制、劳动报酬、劳动保护、职业伤害保险等基本权益；二是适时向立法机关提出修改劳动法或者出台劳动基准法的意见和建议，将在校学生兼职纳入法律调整范围，实行符合学生兼职特点、有别于一般劳动者的权益保障措施，如明确适用最低工资标准、按时足额获得劳动报酬、休息休假、职业安全与卫生等相关劳动基准等。

感谢您对人力资源和社会保障工作的理解和支持。

人力资源和社会保障部

2020年9月8日

（资料来源：中华人民共和国人力资源和社会保障部网站）

2.大学生兼职期间注意事项

虽然大学生利用业余时间在校外兼职没有被纳入劳动法律调整范围，但兼职的大学生也要认真学习劳动法律法规，提高自己的法律意识，在兼职期间保护好自己权益的同时，也为就业择业成为正式的劳动者做好充分的准备。具体的注意事项如下。

（1）要求签订书面的劳务合同。在提供劳务之前明确约定工作内容、福利待遇、劳务费标准，避免后续因约定不明发生纠纷。

（2）增强法律意识，避免上当受骗。千万不要相信"点击鼠标就赚钱"等幌子，应明确"刷单""薅羊毛"等活动并非正规兼职，甚至涉嫌犯罪，切记不要轻易泄露银行卡、网银和支付宝密码等个人信息。

（3）运用法律武器保护自己的合法权益。当自身的合法权益受到侵害时，收集好相关证据，及时向学校或家长说明情况，并向有关部门寻求帮助，运用法律的武器保护自己，千万不要莽撞行事，需冷静处理，寻找正确的途径和方法解决问题。

劳动合同与
劳务合同的区别

第二节　社会保障

党的二十大报告提出："社会保障体系是人民生活的安全网和社会运行的稳定器。健全覆盖全民、统筹城乡、公平统一、安全规范、可持续的多层次社会保障体系。"社会保障是伴随包括广大劳动者在内的全体人民一生的一个庞大的制度体系，它为大家的生产生活保驾护航，关乎每个人的切身利益。健全社会保障体系，对于增进民生福祉、不断实现人民对美好生活的向往具有重要意义。社会保障知识是全体劳动者应该了解的劳动科学知识，也是大学生必须掌握的常识。

一、社会保障概述

社会保障是由国家依法建立的，通过国民收入再分配，对公民在暂时或永久失去劳动能力以及由于各种原因导致生活困难时给予物质帮助，以保障其基本生活的制度。社会保障是保障和改善民生、维护社会公平、增进人民福祉的基本制度保障，是促进经济社会发展、实现广大人民群众共享改革发展成果的重要制度安排，发挥着民生保障安全网、收入分配调节器、经济运行减震器的作用，是治国安邦的大问题。

（一）社会保障体系

党的二十大报告指出，我国已"建成世界上规模最大的教育体系、社会保障体系、医疗卫生体系，教育普及水平实现历史性跨越，基本养老保险覆盖十亿四千万人，基本医疗保险参保率稳定在百分之九十五"。

我国社会保障体系以社会救助、社会保险、社会福利为基础，以基本养老保险、基

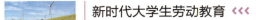

本医疗保险、最低生活保障制度为重点，以优抚安置制度为特殊组成部分，以慈善事业、商业保险等为补充（图4-2）。

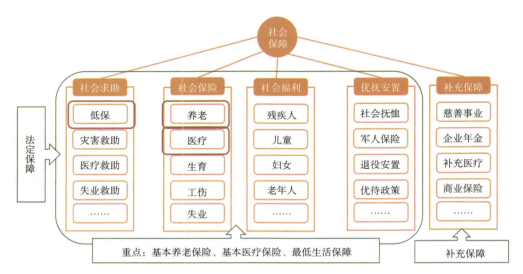

图4-2 我国社会保障体系的构成

无论作为普通公民，还是即将就业的劳动者，大学生都有必要全面了解国家的社会保障体系。一方面，认识中国特色社会主义制度的显著优势，增强"制度自信"；另一方面，明确享受社会保障是我们的权利，也是社会成员应该分担的责任。

（二）社会保险

党的二十大报告提出："扩大社会保险覆盖面，健全基本养老、基本医疗保险筹资和待遇调整机制，推动基本医疗保险、失业保险、工伤保险省级统筹。"社会保险是指国家通过立法，多渠道筹集资金，对参保者在遭遇年老、疾病、工伤、失业、生育等风险情况下提供物质帮助（包括现金补贴和服务），使其享有基本生活保障、免除或减少经济损失的制度安排。

社会保险包括养老保险、失业保险、医疗保险、工伤保险、生育保险。养老保险是用于解决劳动者退休后的基本生活保障问题的社会保险项目。失业保险是解决劳动者在失业期间的基本生活保障的社会保险项目。医疗保险是保障社会成员在罹患疾病时，能够获得经济帮助，尽快摆脱疾病困扰、恢复健康的社会保险项目。工伤保险是补偿劳动者因工伤事故导致的收入丧失，以及为遭受工伤的劳动者提供医疗保障待遇的一种社会保险制度。生育保险是保障生育妇女孕产哺乳期间的收入与生活保障问题的社会保险项目。

社会保险的资金来源主要是用人单位和劳动者本人，政府给予资助并承担最终责任。社会保险实行权利和义务相对应的原则，劳动者只有履行了缴费义务，才能获得相应的收入补偿权利。

小卡片，大作用

【劳动词典】

"五险一金"：指用人单位给予劳动者的若干种保障性待遇的统称。"五险"包括养老保险、医疗保险、失业保险、工伤保险、生育保险。"一金"指住房公积金。有的用人单位除"五险一金"外，还给职工建立了补充医疗保险、企业年金等，变成"六险二金"。"五险一金"的缴纳基数和比例由各地主管部门根据当地社会经济发展水平和劳动者工资收入来确定，各地略有差异（表4-3）。

表4-3 "五险一金"缴纳比例表

保险项目	缴纳比例	
	单位	个人
养老保险	不超过16%	8%
医疗保险	8%左右，各地有所浮动	2%左右，各地有所浮动
失业保险	0.5%左右，各地有所浮动	0.5%左右，各地有所浮动
工伤保险	不同行业缴费费率不同，一般为0.2%~2%	无须缴费
生育保险（已与医疗保险合并）	1%左右，各地有所浮动	无须缴费
住房公积金	5%~12%，用人单位可在这一范围内自行选择，单位和个人按1:1等额缴纳	

社会保险与大学生未来的工作生活息息相关。大学生应主动了解社会保险相关规定，并利用学到的常识帮助家人、朋友分析日常生活中遇到的社会保险问题，多听、多看、多了解、多分析，明确用人单位和劳动者在社会保险方面的权利与义务，为今后求职就业做好充分准备。

（三）社会救助

党的二十大报告指出，要"健全分层分类的社会救助体系"。社会救助是指国家和社会对因各种原因无法维持最低生活水平的公民给予无偿救助的一项社会保障制度。社会救助事关困难群众基本生活和衣食住行，是保障基本民生、促进社会公平、维护社会稳定的基础性制度安排，也是兜住兜牢基本民生的保障底线，对推进共同富裕具有调节作用。

社会救助的对象有三类：一是无依无靠、没有劳动能力、没有生活来源的人，主要包括孤儿、残疾人以及没有参加社会保险且无子女的老年人；二是有收入来源，但生活水平低于法定最低标准的人；三是有劳动能力、有收入来源，但由于意外的自然灾害或社会灾害，使生活一时无法维持的人。

社会救助是基础的、最低层次的社会保障，其目的是保障公民享有最低的生活水平，给付标准低于社会保险。社会救助的经费来源主要是政府财政支出和社会捐赠。

大学生要充分理解社会救助发挥的兜底保障作用，主动关注身边有困难的群体，充分发挥自身优势，帮助他们了解社会救助制度，有条件的可以积极参与社会救助服务，参加帮扶弱势群体等公益活动。

（四）社会福利

社会福利是指政府和社会为全体成员或老人、儿童、残疾人等社会中特别需要关怀的人群，创造物质文化环境或提供援助。按享受对象类别划分，社会福利可分为以下几种类型。

1. 为全体社会成员提供的公共福利

为全体社会成员提供的公共福利包括住房福利、教育福利、医疗保健福利、文化康乐福利。

（1）住房福利包括住房公积金制度，经济适用房和廉租房政策。

（2）教育福利包括九年义务制教育、"两免一补"、国家奖学金、国家励志奖学金、国家助学金、绿色通道政策、免费师范生教育、农民工培训，以及科技馆、博物馆、历史文化古迹等公共设施对学生实施优待政策等。

（3）医疗保健福利包括免费预防接种、免费治疗地方病、免费发放除害灭病药物等。

（4）文化康乐福利包括免费开放公园、图书馆、博物馆、群众艺术馆等文体活动设施和服务。

📖 **知识拓展**

哪些情况可以提取住房公积金？

（1）购买、建造、翻建、大修自住住房的。

（2）离休、退休的。

（3）完全丧失劳动能力，并与单位终止劳动关系的。

（4）出境定居的。

（5）偿还购房贷款本息的。

（6）房租超出家庭工资收入规定比例的。

---

2. 为本单位、本行业从业人员及其家属提供的职业福利

为本行业从业人员及其家属提供的职业福利包括提供工作服、宿舍、食堂等生存性福利，企业年金、免费体检等安全保障性福利，集体旅行、文娱活动等社会交往性福利，心理咨询服务、家政服务、接送子女上学等体现尊重的福利，培训学习、职务晋升等自

我实现的福利。

3. 专为老年人提供的老年福利

专为老年人提供的老年福利包括老年人福利津贴、社会养老、老年人保健。比如，老年人在参观、游览、乘坐公共交通工具时享受优待，老年人高龄补贴等。

4. 为婴幼儿、少年儿童提供的儿童福利

为婴幼儿、少年儿童提供的儿童福利包括为儿童提供医疗保健设施与服务，为儿童活动提供场所和条件等。比如，新疆维吾尔自治区乌鲁木齐市为学龄前儿童和义务教育阶段青少年提供免费牛奶的福利。

5. 为妇女提供的妇女福利

为妇女提供的妇女福利包括生育福利、妇女劳动保护福利（表4-4）、妇女保健福利。比如，女职工定期进行妇科疾病的查治等。

表4-4 女职工的劳动保护

类别		具体内容
禁止性别歧视		凡适合女职工就业的工作不得拒绝女职工，且同工同酬
解除终止劳动合同时的禁止		女职工在孕期、产期、哺乳期若没有过错不得解除或终止劳动合同
女职工禁忌劳动		重体力劳动以及有毒有害等恶劣环境下的工作
女职工四期保护	经期	禁忌冷冻、低温环境下劳动；禁忌高强度体力劳动
	孕期	禁忌恶劣环境下工作；不得延长工作时间；孕期七个月以上不得安排上夜班，劳动时间内安排休息；带薪孕期检查
	产期	享受产假待遇
	哺乳期	每天两次哺乳时间，每次半小时；不得延长劳动时间；不得安排夜班

6. 为残疾人提供的残疾人福利

为残疾人提供的残疾人福利包括扶助残疾人就业、为残疾人提供教育条件、为残疾人康复提供帮助和条件、帮助残疾人融入社会文化生活。

很多大学生曾经享受或正在享受着以上某种类型的社会福利，却并不了解国家社会福利的有关制度和政策。作为新时代的大学生，在享受社会福利的同时，要自觉做好国家社会福利政策的宣传者，引导更多人感恩国家政策，努力创造美好生活。

二、劳动者常见的社会保障问题

在我国社会保障体系中，社会保险处于核心地位。社会保险不以营利为目的，具有

强制性，且对社会所属成员具有普遍保障性，是全体劳动者最为关注的方面。劳动者在社会保险缴纳和使用过程中经常遇到的问题有以下几个方面。

（一）社会保险缴纳的常见问题

社会保险的缴纳指参加各类社会保险并缴纳保费的行为。劳动者在社会保险缴纳过程中经常遇到的问题主要有以下两种。

1. 约定不缴纳社保

现实中，一些用人单位可能基于用工成本的考虑，或者劳动者基于各种原因不愿意缴纳社会保险，双方约定用人单位不为劳动者缴纳社会保险，或约定折成工资的形式发放给劳动者。这种约定是否具有法律效力呢？

《劳动法》第七十二条规定："用人单位和劳动者必须依法参加社会保险，缴纳社会保险费。"社会保险是国家为劳动者的生活、医疗保障等提供的强制保险。社会保险是否缴纳、如何缴纳都不是用人单位和员工之间可以相互商量的事宜。用人单位和劳动者之间约定不缴纳社会保险是没有法律效力的。另外，试用期属于劳动合同期的一部分，也应当依法缴纳社保。

2. 社会保险的断缴

劳动者由于更换工作产生的空档，或其他原因导致社会保险断缴的情况时有发生。社会保险一旦断缴，除了会对参保人的缴费年限核算、社保待遇领取等产生影响外，在一些城市，对参保人购房、买车摇号、落户都有直接影响。

在我国，社会保险水平既要保障每一个参保人的基本生活，又要与个人缴费多少、劳动贡献大小挂钩。因此，劳动者需尽量保证社会保险缴纳的连续性。如果更换新工作，为了避免出现断缴情况，最好确认缴完当月社保后再离职，并且让新公司尽快接续上。如果已经出现断缴，需尽快找到单位后补缴。

（二）养老保险的注意事项

党的二十大报告提出，要"完善基本养老保险全国统筹制度，发展多层次、多支柱养老保险体系"。养老保险是社会保险体系中最重要、实施最广泛的一项制度，它关系广大劳动者退休后的基本生活保障问题，与广大劳动者的切身利益密切相关。我国目前的基本养老保险制度由城镇职工基本养老保险、城乡居民基本养老保险和机关事业单位养老保险构成。养老保险的缴纳年限、缴费基数以及养老保险关系的转移是劳动者普遍关心的问题。

1. 养老保险的缴纳年限

根据《中华人民共和国社会保险法》（以下简称《社会保险法》）第十六条规定："参

加基本养老保险的个人，达到法定退休年龄时累计缴满十五年的，按月领取基本养老金。因此，缴费满十五年只是最低年限要求。如果是用人单位在职职工，用人单位为其缴纳社保费用是法定义务，即使已经缴满十五年也应继续缴纳。灵活就业人员可根据自身意愿选择，长缴多得，鼓励尽量长缴。"

2.养老保险的缴费基数

《社会保险法》第十二条："用人单位应当按照国家规定的本单位职工工资总额的比例缴纳基本养老保险费，记入基本养老保险统筹基金。职工应当按照国家规定的本人工资的比例缴纳基本养老保险费，记入个人账户。无雇工的个体工商户、未在用人单位参加基本养老保险的非全日制从业人员以及其他灵活就业人员参加基本养老保险的，应当按照国家规定缴纳基本养老保险费，分别记入基本养老保险统筹基金和个人账户。"

缴费基数高低直接决定了退休后养老金的高低，各单位都必须以每个职工上年度的月平均工资作为缴费基数缴纳养老保险，并如实申报，这不仅是单位和个人的法定义务，也是职工的合法权益。

3.养老保险关系的转移

养老保险关系转移，就是把劳动者在原工作地缴的养老保险转到新工作地。办理转移手续后，劳动者缴的每一段养老保险金都可以合并在一起。当劳动者跨省或跨制度流动时，需要转移养老保险关系。例如，张某从北京的公司跳槽到上海的公司工作，两家公司不在同一个省份，就叫作跨省流动，需要转移养老保险关系。再如，李某之前在河北的农村务农，缴了城乡居民养老保险，之后应聘到企业上班，又参加了城镇职工养老保险，这叫跨制度流动，需要转移养老保险关系。劳动者可以直接到新参保地的社保机构提出申请，也可以在网上办理养老保险关系转移接续。

📖 知识拓展

个人养老金来了

2022年11月4日，人力资源和社会保障部、财政部、国家税务总局、银保监会、证监会联合印发《个人养老金实施办法》（人社部发〔2022〕70号）。这意味着，社会关注已久的个人养老金制度正式实施。

什么是个人养老金？

个人养老金属于补充养老保险制度。目前，我国多层次养老保险体系主要包括"三支柱"。第一支柱是基本养老保险，是主体部分，目前覆盖人数已达10.4亿。第二支柱是企业年金和职业年金，截至2021年年底，两项年金参加职工7000多万人。第三支柱包括个人养老金和其他个人商业养老金融业务。

为什么要实施个人养老金制度？

个人养老金是第三支柱里有制度安排的部分，是政府政策支持、个人自愿参加、市场化运营的补充养老保险制度。个人养老金制度的建立，在基本养老保险基础上再增加一份积累，可以更好地满足人民群众多样化养老保险需求，实现老年生活更有品质、更有保障。

如何参加个人养老金？

参加个人养老金，应当通过国家社会保险公共服务平台、全国人力资源和社会保障政务服务平台、电子社保卡、掌上12333App等全国统一线上服务入口，或者商业银行渠道，在信息平台开立个人养老金账户。个人养老金账户用于登记和管理个人身份信息，并与基本养老保险关系关联，记录个人养老金缴费、投资、领取、抵扣和缴纳个人所得税等信息，是参加人参加个人养老金、享受税收优惠政策的基础。

（资料来源：编者根据相关资料整理）

劳动者退休后的养老金相关政策

（三）失业保险的享受条件和期限

失业保险作为整个社会保险制度的重要组成部分，是保障失业人员基本生活和促进就业的重要基础，发挥着稳岗稳就业，维护社会政治、经济秩序安定的重要作用。劳动者依法享受失业保险待遇有一定的条件和期限。

1. 失业保险待遇的享受条件

（1）已参加失业保险，所在单位和本人已按照规定履行缴费义务满1年的。

（2）非因本人意愿中断就业的。

（3）已按规定办理失业登记，并有求职要求的。

2. 失业保险待遇的享受期限

为了体现社会保险多缴多得、权利与义务相结合的原则，失业人员能够享受的失业保险金待遇和期限，取决于失业前用人单位和本人累计缴纳时间。

（1）累计缴费满1年不足5年的，领取失业保险金的期限最长为12个月。

（2）累计缴费满5年不足10年的，领取失业保险金的期限最长为18个月。

（3）累计缴费10年以上的，领取失业保险金的期限最长为24个月。

（4）失业人员在领取失业保险金期间重新就业后不满1年再次失业的，可以继续申领其前次失业应领取而尚未领取的失业保险金，领取期限合并计算。

课堂探究

王某2016年1月至2020年12月在A公司参加失业保险并缴费累计满5年，失业后没有领取失业保险金。2022年1月，王某在B公司重新就业并参加失业保险，试用期3个月后，B公司以王某不符合单位岗位要求为由，解除与王某的劳动关系。请问王某是否可以领取失业保险金？如果可以，最长可以领取多久？

（四）医疗保险的关键常识

党的二十大报告指出："促进多层次医疗保障有序衔接，完善大病保险和医疗救助制度，落实异地就医结算，建立长期护理保险制度，积极发展商业医疗保险。"医疗保险作为我国社会保险制度中覆盖范围最广的险种之一，在保障职工身体健康和维护社会稳定等方面发挥着积极的作用。劳动者要掌握医疗保险的关键常识，积极关注国家医疗保障的最新政策。

1.城镇职工基本医疗保险的覆盖范围

我国基本医疗保险由城镇职工基本医疗保险、城乡居民基本医疗保险和机关事业单位医疗保险、公费医疗构成，各类型所覆盖的人群各有不同。其中，城镇职工基本医疗保险主要覆盖城镇内所有用人单位的职工。无雇工的个体工商户、未在用人单位参加基本医疗保险的非全日制从业人员以及其他灵活就业人员可以参加职工医疗保险，由个人缴纳职工医疗保险费。

2.基本医疗保险的"两定点三目录"和"统筹基金支付三条线"

基本医疗保险的权益主要受"两定点三目录"和"统筹基金支付三条线"规制。

在基本医疗保险制度中，参保人的权益分两部分：一部分是由个人缴费形成的个人账户权益，这部分权益被用于支付医疗费用中的自付部分，参保人去世后可由继承人继承，属于个人财产；另一部分权益来自基本医疗保险统筹基金对一定比例医疗费用的支付，即人们通常所说的"报销"。但是，只有在"两个定点"和"三个目录"规定的范围内发生的医疗费用，才能由统筹基金报销。"两个定点"即定点医院和定点药店。"三个目录"主要包括药品（含医用耗材等）目录、诊疗项目目录和服务设施目录，相关部门会根据实际情况对目录进行更新。

上述符合报销范围的医疗费用，可享受一定比例的报销，原则上这些报销费用由基本医疗保险基金直接与医疗机构结算，而报销金额主要由"三条线"共同决定。基本医疗保险制度统筹基金支付的"三条线"具体如下。

（1）起付线，即统筹基金分担就医费用的起点。在同一报销周期内，起付线以下的费用完全由劳动者自负（自负部分可由劳动者个人账户支付）。但是，各地区对起付线的具体规定有所不同。

（2）共付线，又称为（制度内）报销比例，即在符合"两定点三目录"的大前提下，社会统筹基金分担医疗费用时，在扣除起付线金额后的报销比例。不同级别的医院，共付线的设置会有所差异。通常而言，级别越低的医院（如社区医院、二级医院等）共付线设置的越高，从而鼓励劳动者就近就医，合理配置医疗资源。

（3）封顶线，即统筹基金最高支付限额。在一个报销周期中，统筹基金的支付额度并不是无限制的，当报销金额超过封顶线后，劳动者的就医费用需要自行支付，直至下个报销周期开始。

课堂探究

　　小李的舅舅得了重病，正在省城某三甲医院住院做手术，治疗费用预计需要20万元，家人正在为医疗费发愁。小李知道舅舅参加了单位的基本医疗保险，应该可以报销很大一部分医疗费用。根据当地规定，该医院的起付线为480元，年度最高支付限额为15万元，报销比例为80%。目前，舅舅自己的医保个人账户中有约1.5万元。假定舅舅此次治疗所发生的医疗费用全部符合"两定点三目录"的报销范围，请算一算，经过职工基本医疗保险报销后，小李的舅舅还需要支付多少钱？

3.异地就医

　　异地就医，即参保人在其参保统筹地区以外发生的就医行为。近年来，随着异地工作生活、企业跨区域经营活动日益频繁，人们异地就医的需求也日益增多。跨省就医"报销难"，垫资费用高、报销周期长、往返奔波等严重影响群众的就医获得感。落实异地就医结算，顺应人民群众异地就医方便快捷期待的部署，对医疗保障工作提出了新的要求。2022年7月，国家医保局、财政部发布《关于进一步做好基本医疗保险跨省异地就医直接结算工作的通知》，于2023年1月1日起正式实施，为跨省异地就医提供了行动指南。参保人员可享有更加高效便捷、公平可及的跨省异地就医结算服务。

跨省异地就医直接结算政策问答

● 第三节　职业安全保障 ●

　　人民健康已成为国家优先发展战略的重要内容。国家先后出台《"健康中国2030"规划纲要》《国务院关于实施健康中国行动的意见》等文件推进健康中国建设。其中，劳动者的职业安全需要受到重视。职业安全保障是企业作为特殊产品向劳动者提供的，是为了保障劳动者身心安全健康，维护广大劳动者最关心、最直接、最现实的利益问题。职业安全保障不足，造成职业安全风险加大，容易发生职业安全事故。做好必要的职业安全保障措施，将极大程度降低安全风险，保障劳动者合法权益。

一、职业安全概述

　　对社会大众来说，生理需求和安全需求是人最基本的需要。安全伴随人生产生活的各个方面，这是开始从事生产劳动就必须要面对的问题。随着时代的进步，机械化生产的进一步普及，虽然在一定程度上减轻了劳动者的劳动强度，但由于不安全因素的增加，发生的各种生产事故逐渐增多，也为劳动者的职业健康与生命安全提出新的挑战。

（一）职业安全

　　职业安全指劳动者在工作领域，涉及法律、技术、设备、组织制度和教育等方面所采取的保障劳动者安全性的相应措施，目的是防止劳动者在进行职业活动过程中发生各种伤亡事故。

职业安全分为三个方面：①保护的对象是劳动者；②只保护劳动者在职业活动过程中的健康与安全；③只保护劳动者在安全与健康方面的合法权益，而在职业活动之外的劳动不予负责。

职业安全关系到劳动者的身体健康与生命财产安全。新时代大学生掌握一定的职业安全知识，这是自身成长、进入社会的先决条件。大学生可以参加实习实训、志愿服务、社会实践等形式的活动，学习职业安全知识，增强职业安全意识。大学生即将进入职场，要具备一定的职业安全意识、安全知识或技能，避免发生各种安全生产事故、违法犯罪案件等。

（二）职业安全的基本内容

劳动者在职业活动过程中一般涉及人身安全、职业病防治和应急避险等职业安全基本内容。

1.人身安全

人身安全包括广义和狭义两种含义：从广义上讲，人身安全是指人的生命、身心健康、财产、人格、名誉、行动自由等安全；从狭义上讲，人身安全是指作为自然人的身体本身的安全。大学生的人身安全是指大学生在学校学习期间，学校采取积极措施全力保障大学生的生命、健康、行动不受威胁，没有危险，为其营造良好的学习环境。

2.职业病防治

职业病防治指为了有效预防和控制职业病的发生及发展，保护劳动者的身体健康所采取的一系列预防控制措施。

3.应急避险

应急避险指劳动者对客观险情的认知及应对行为的快速判断、决策和行动的过程。应急避险能力指面对突发状况，在分、秒级内应对危难险重、化解灾难风险的综合能力。其主要通过制定应急避险预案、普及应急避险知识等形式，提升应急避险能力。

中国职业安全
健康协会

二、职业安全风险防范

职业安全风险无处不在、无时不有，广泛存在于社会、企业、个人生活的方方面面，因此职业安全风险防范具有重要实践意义。防范职业安全风险，首先要了解导致职业安全风险的原因或影响因素。总体来看，劳动者进行职业活动过程中存在的安全风险因素可以分为人的不安全行为、物的不安全状态、环境不良三个方面。职业安全风险防范的主要内容包括人的不安全行为的防范、物的不安全状态的防范、环境因素的防范。

（一）职业安全风险的原因

1. 人的不安全行为

人的不安全行为是指人在进行某项职业活动的过程中，由于受自身心理、生理因素的影响，做出违反劳动纪律、操作规程等企业规章制度具有危险性的行为。在我国，《企业职工伤亡事故分类标准》（GB 6441—86）中明确将不安全行为分为20个大类，每个大类又被分为若干小类。人的不安全行为及其内容见表4-5。

表4-5　人的不安全行为及其内容

不安全行为	具体内容
操作错误，忽视安全，忽视警告	（1）未经许可开动、关停、移动机器 （2）开动、关停机器时未给信号 （3）开关未锁紧，造成意外转动、通电或泄漏等 （4）忘记关闭设备 （5）忽视警告标志、警告信号 （6）操作错误（指按钮、阀门、扳手、把柄等的操作） （7）奔跑作业 （8）供料或送料速度过快 （9）机械超速运转 （10）违章驾驶机动车 （11）酒后作业 （12）客货混载 （13）冲压机作业时，手伸进冲压模 （14）工件紧固不牢 （15）用压缩空气吹铁屑 （16）其他
造成安全装置失效	（1）拆除了安全装置 （2）安全装置堵塞，失掉了作用 （3）调整的错误造成安全装置失效 （4）其他
使用不安全设备	（1）临时使用不牢固的设施 （2）使用无安全装置的设备 （3）其他
手代替工具操作	（1）用手代替手动工具 （2）用手清除切屑 （3）不用夹具固定、用手拿工件进行机加工

续表

不安全行为	具体内容
物体（指成品、半成品、材料、工具、切屑和生产用品等）存放不当	
冒险进入危险场所	（1）冒险进入涵洞 （2）接近漏料处（无安全设施） （3）采伐、集材、运材、装车时，未离危险区 （4）未经安全监察人员允许进入油罐或井中 （5）未"敲帮问顶"开始作业 （6）冒进信号 （7）调车场超速上下车 （8）易燃易爆场合明火 （9）私自搭乘矿车 （10）在绞车道行走 （11）未及时瞭望
攀、坐不安全位置（如平台护栏、汽车挡板、吊车吊钩）	
在起吊物下作业、停留	
机器运转时加油、修理、检查、调整、焊接、清扫等工作	
有分散注意力行为	
在必须使用个人防护用品用具的作业或场合中，忽视其使用	（1）未戴护目镜或面罩 （2）未戴防护手套 （3）未穿安全鞋 （4）未戴安全帽 （5）未佩戴呼吸护具 （6）未佩戴安全带 （7）未戴工作帽 （8）其他
不安全装束	（1）在有旋转零部件的设备旁作业穿过于肥大的服装 （2）操纵带有旋转部件的设备时戴手套 （3）其他
对易燃、易爆等危险物品处理错误	

根据表4-5中人的不安全行为及其内容可以看出，大多是劳动者的不合规操作导致的。人的不安全行为大多由劳动者的习惯、判断等原因造成，偏离规定的标准会导致事故的发生。由于超过人的负担能力、与外界刺激要求不一致及不知道正确方法等原因，导致人为失误，在生产活动中往往不可避免。因而，在社会生产实践中，需要企业加强安全管理、注重安全生产培训、提高安全意识，杜绝由于人的因素造成的不安全行为。

2.物的不安全状态

在人机系统理论中，物是指在生产过程中发挥一定作用的机械、物料、生产对象以及其他生产要素。物的不安全状态是指造成事故发生的物质条件。在《企业职工伤亡事故分类标准》（GB 6441—86）中也将物的不安全状态进行了明确的划分，主要分为防护、保险、信号等装置缺乏或有缺陷；设备、设施、工具、附件有缺陷；个人防护用品用具缺少或有缺陷；生产（施工）场地环境不良四大类（表4-6）。

表4-6 物的不安全状态

物的不安全状态	细分	具体内容
防护、保险、信号等装置缺乏或有缺陷	（1）无防护	①无防护罩 ②无安全保险装置 ③无报警装置 ④无安全标志 ⑤无护栏或护栏损坏 ⑥（电气）未接地 ⑦绝缘不良 ⑧风扇无消音系统、噪声大 ⑨危房内作业 ⑩未安装防止"跑车"的挡车器或挡车栏 ⑪其他
	（2）防护不当	①防护罩未在适当位置 ②防护装置调整不当 ③坑道掘进、隧道开凿支撑不当 ④防爆装置不当 ⑤采伐、集材作业安全距离不够 ⑥放炮作业隐蔽所有缺陷 ⑦电气装置带电部分裸露 ⑧其他
设备、设施、工具、附件有缺陷	（1）设计不当，结构不符合安全要求	①通道门遮挡视线 ②制动装置有缺欠 ③安全距离不够 ④拦车网有缺陷 ⑤工件有锋利毛刺、毛边 ⑥设施上有锋利倒棱 ⑦其他
	（2）强度不够	①机械强度不够 ②绝缘强度不够 ③起吊重物的绳索不符合安全要求 ④其他

续表

物的不安全状态	细分	具体内容
设备、设施、工具、附件有缺陷	（3）设备在非正常状态下运行	①设备带"病"运转 ②超负荷运转 ③其他
	（4）维修、调整不良	①设备失修 ②地面不平 ③保养不当、设备失灵 ④其他
个人防护用品用具（防护服、手套、护目镜及面罩、呼吸器官护具、听力护具、安全带、安全帽、安全鞋等）缺少或有缺陷	（1）无个人防护用品、用具	
	（2）所用的防护用品、用具不符合安全要求	
生产（施工）场地环境不良	（1）照明光线不良	①照度不足 ②作业场地烟雾尘弥漫视物不清 ③光线过强
	（2）通风不良	①无通风 ②通风系统效率低 ③风流短路 ④停电停风时放炮作业 ⑤瓦斯排放未达到安全浓度放炮作业 ⑥瓦斯超限 ⑦其他
	（3）作业场所狭窄	
	（4）作业场地杂乱	①工具、制品、材料堆放不安全 ②采伐时，未开"安全道" ③迎门树、坐殿树、搭挂树未作处理 ④其他
	（5）交通线路的配置不安全	
	（6）操作工序设计或配置不安全	
	（7）地面滑	①地面有油或其他液体 ②冰雪覆盖 ③地面有其他易滑物
	（8）贮存方法不安全	
	（9）环境温度、湿度不当	

在生产过程中，物的不安全状态极易出现。通常来说，物的不安全状态时常伴随人的不安全行为产生，由于操作失误、管理不当等原因，致使事故的发生。

3.环境不良

环境不良指在生产（施工）作业环境中不利于作业，且有可能造成危险发生的因素。例如，现场作业环境中设备不良，材料、物品布置不合理，作业环境空间、照明、湿度等条件不利或存在职业病危害因素等。

（1）作业环境中存在职业病危害因素，将对员工身体造成损伤。例如，在作业环境中有过强噪声、振动，过强或过弱的光线都会对劳动者造成伤害，在长期的影响下将对劳动者的健康造成永久性伤害。在过强的噪声环境中工作，会引起听觉病变，造成暂时性或永久性的损伤。

（2）作业环境中的空气质量、物品布置也是影响职业安全的重要因素。例如，由于空气中充斥大量的生产性粉尘，粉尘随着呼吸道进入人体，造成呼吸道疾病。又如，在阳光下接触煤焦油、沥青粉尘，则会造成眼睑水肿和结膜炎。除此之外，杂乱无章的物品摆放也会影响劳动者的工作。杂乱的环境会直接通过视觉神经刺激神经中枢，人的思维将受到影响，从而造成职业安全风险。

（3）作业环境中的温度、湿度也是影响劳动者职业安全的重要因素。通常来说，主要包括空气的温度、湿度、气流速度等。在进行职业活动时，不适的气候将直接影响劳动者的工作情绪、疲劳程度，甚至身体健康，继而影响工作效率，造成工作失误和事故。例如，在室外温度高达42℃以上的环境中工作，劳动者将有产生热疲劳、意识丧失等风险。

案例精选

仙桃市湖北仙隆化工股份有限公司"2·26"较大爆炸事故

2021年2月26日16时19分10秒，仙桃市西流河镇湖北仙隆化工股份有限公司发生一起爆炸事故，致4人死亡、4人受伤，直接经济损失484.9万元。

事故直接原因：仙隆化工在进行甲基硫化物蒸馏作业时，临时更换搅拌电机的减速机，致使搅拌停止，且未对蒸馏釜内的物料进行冷却，造成蒸馏釜内甲基硫化物升温，导致甲基硫化物剧烈分解引发爆炸。

企业方面原因：湖北仙隆化工股份有限公司违法组织生产，安全生产主体责任不落实，安全生产组织架构不完善，未按要求设置安全总监，安全生产规章制度和操作规程不健全，安全隐患排查治理不到位，未履行甲基硫化物生产提纯建设项目安全设施设备"三同时"手续，擅自变更五硫化二磷生产车间的用途，在未对甲基硫化物进行充分论证并报请监管部门审核批复的情况下，擅自生产试验，未制定相应的应急预案和安全预防措施，违法开展甲基硫化物生产提纯活动，部分参与试验试制人员专业素质不符合规定。

（资料来源：编者根据相关资料整理）

（二）职业安全风险防范

职业安全风险防范需要从职业安全的目标出发，从人、物、环境三个方面防范可能发生的风险。

1. 人的不安全行为防范

根据事故统计分析，直接或间接由于人为造成的失误大约占70%以上，因此对人的不安全行为的防范是避免事故发生的首要手段。

（1）增强职业安全意识。大学生进入职场后，应认真学习安全生产制度、劳动法律制度、企业各项安全管理规定，增强职业安全意识，杜绝不安全行为的发生。在实习实训、就业求职、社会实践等活动中，熟悉使用、操作机械的安全操作规程，不违章操作、不违章作业、不违反劳动纪律。

（2）正确佩戴个人防护用品。进入施工现场工作时，佩戴个人防护用品能够最大程度保护劳动者免遭或减轻在生产过程中的事故伤害或职业危害，保障人身安全。

2. 物的不安全状态防范

人类进行生产活动的过程就是对能量的利用，在利用过程中人给以一定的约束，使其按照人的意志进行能量的流动、转换和做功。这种约束一旦消失，能量便会摆脱束缚与限制而释放出来，于是事故就发生了。在安全的人机系统中，物不安全状态的控制主要来源于两个方面：一是人的失误行为，二是自身的故障。

为了防范物的不安全状态，劳动者参与职业活动时需要遵守各项管理规定，学会识别风险，减少失误行为，避免引发物的不安全状态。同时，做好设施设备的检修保养，拒绝任何机械设备或防护装置带"病"运行，提高装置的安全性，从而降低危险发生的可能性。

3. 环境因素的防范

在"人—机（物）—环"系统中，一切非人因素都是改进和塑造的对象，目的是使其更好地适应人的特征和要求。环境因素不良也是影响职业安全的重要原因，做好生产过程中作业环境要素的检查与科学综合管理，保证企业生产布局及各种卫生设施符合国家标准，以减少不良环境条件对劳动者身体健康造成的职业伤害，同时达到高效、低耗、安全、文明生产的目的。

三、职业病风险防范

《国家职业病防治规划（2021—2025年）》中指出，我国正处在新旧职业病危害日益交织叠加期，职业病和其他工作相关的疾病防控难度加大。职业病的危害量大，接触人群多，需要"坚持预防为主，防治结合"的原则，做好职业病防治工作，保障劳动者的身体健康和生命安全。

（一）职业病

《中华人民共和国职业病防治法》（以下简称《职业病防治法》）中规定：职业病是指企业、事业单位和个体经济组织等用人单位的劳动者在职业活动中，因接触粉尘、放射性物质和其他有毒、有害因素而引起的疾病。

职业病构成有四个要素：①患病者是企业、事业单位或个体经济组织的劳动者；②必须是在从事职业活动过程中患病；③患病原因是接触粉尘、放射性物质和其他有毒、有害因素；④必须是国家公布的职业病分类和目录中所列的职业病。以上四个要素全部满足即《职业病防治法》中所称的职业病。

（二）职业病危害因素

职业病危害是指对从事职业活动的劳动者可能导致职业病的各种危害。职业病的危害因素包括职业活动中存在的各种有害的化学、物理、生物因素，以及在作业过程中产生的其他职业有害因素。

2015年，我国对《职业病危害因素分类目录》进行了修订，修订后列举了六类职业病危害因素。

1.粉尘

粉尘是指悬浮在空气中的固体颗粒物。在生产过程中，企业对固体物料进行破碎、研磨、搅拌、运输时，会散发大量微小颗粒，这些固体颗粒物长时间漂浮在生产环境中，不易散去。如果防护措施不到位而吸入粉尘，由于生产性粉尘的不同特点，将会对人的身体造成不同程度的损害，引发不同的疾病。

2.化学因素

化学因素部分一共列举了包含铅及其化合物（不包括四乙基铅）、汞及其化合物、锰及其化合物等379种具体化学物质。化学因素作为三大职业病危害因素之一，严重威胁劳动者的身心健康。这些化学物质很多属于易燃、易爆，具有腐蚀性的物质，稍微操作不当，就会造成损害。其中，有些物质少量就会影响人的健康，严重的还会导致中毒，如铅中毒、汞中毒、氯气中毒、二氧化硫中毒等。

3.物理因素

劳动者进行职业活动过程中，由于存在的异常气候条件如高温、高湿、低温等，异常气压下如高气压、低气压、由高气压环境快速减压至正常气压，以及噪声及振动等因素引起的职业危害。

4.放射性因素

放射性因素主要指生产过程中由非电离辐射（如可见光、紫外线、红外线、激光、射频辐射等）及电离辐射（如X射线等）产生的放射性。放射性职业病，即由电离辐射照射机体所引起的一系列疾病，如外照射急性放射病、外照射慢性放射病、放射性皮肤疾病、放射性肿瘤等。

5.生物因素

由病原体引起的，可导致炭疽、森林脑炎、布鲁氏菌病等疾病。

6.其他因素

如金属烟、井下不良作业条件等，可导致金属烟热、职业性哮喘、煤矿井下工人滑囊炎等疾病。

随着经济社会的快速发展，新材料、新技术、新工艺的广泛应用，以及新的职业、工种和劳动方式的不断产生，劳动者在职业活动中接触的职业病危害因素更为复杂。我国作为世界上最大的发展中国家，拥有7亿多劳动力人口，能够接触到职业病危害的劳动者人数较多，职业病发病人数总量大。

根据2022年5月9日国家卫健委职业健康司发布的《全国职业病危害现状统计调查概况》的数据显示，在抽样调查的282191家工业企业中，存在一种及一种以上的职业病危害因素有263723家，占总数的93.46%。职业病危害因素已形成场所多、涉及面广的趋势，成为影响劳动者身体健康的重要因素。面对这种情况，劳动者需要远离职业病危害因素，增强自身职业健康保护意识，正确使用个人防护用品，重视职业病防治工作。做好职业健康监护，如上岗前的体检、在岗期间的定期身体检查和离岗时的体检。

（三）常见的职业病

根据国家现行的《职业病分类和目录》（2013年12月23日颁布），将职业病分为职业性尘肺病及其他呼吸系统疾病、职业性皮肤病、职业性眼病、职业性耳鼻喉口腔疾病、职业性化学中毒、物理因素所致职业病、职业性放射性疾病、职业性传染病、职业性肿瘤、其他职业病共10类132种。

1.尘肺病

尘肺病的规范名称为"肺尘埃沉着病"，劳动者在职业活动过程中长期吸入生产性粉尘（灰尘）并沉积在肺部是患有尘肺病的主要原因。患有尘肺病的患者肺组织受到损伤、纤维化，并常伴有肺功能损害的全身性疾病。尘肺病主要依次分布在煤炭、有色、机械、建材、轻工等工业行业中。

2022年7月12日，国家卫生健康委发布《2021年我国卫生健康事业发展统计公报》中的数据显示，2021年全国共报告各类职业病新病例15407例，其中职业性尘肺病及其他呼吸系统疾病11877例（其中职业性尘肺病11809例）。职业性尘肺病占各类职业病新病例的76.6%，因此近年来国家明确要加强对尘肺病的预防和控制。《"健康中国2030"规划纲要》指出："进一步完善职业安全卫生标准体系，建立完善重点职业病监测与职业病危害因素监测、报告和管理网络，遏制尘肺病和职业中毒高发势头。"做好粉尘危害源头防范，全力开展尘肺病患者的救治、救助工作，以保障劳动者的职业健康权益。

2.职业中毒

劳动者在职业活动中组织器官受到工作场所毒物的毒作用而引起的功能性或器质性疾病。职业中毒在职业病中占有很大比例，做好职业中毒的预防工作对保护劳动者免遭侵害、促进生产有着重要意义。

职业中毒按照劳动者吸收毒物的剂量划分，可以分为急性中毒、亚急性中毒和慢性中毒三类。预防职业中毒的方法有很多：①从源头处理，消除毒物。在生产过程中，将有毒物质替换成无毒物质。②降低毒物浓度。在生产过程中，通过技术革新、通风排毒、规范的工序及合理的建筑布局，设法将毒物排出，控制其扩散到空气中，将浓度始终控制在容许的浓度范围内，减少受毒物危害的程度。③做好个人防护。劳动者根据工作场景与内容，选择合适的防护用品，如防护服、防护眼镜、防护面罩、呼吸防护器等。在工作场所设置必要的卫生设施，如盥洗设备、淋浴室及更衣室和个人专用衣箱等，对能经过皮肤吸收或局部作用危害大的毒物，还应配备皮肤洗消和冲洗眼的设施。④健全职业卫生服务。组织定期或不定期进行监测作业场所空气中毒物浓度的工作。

对职业中毒的治疗，主要分为病因治疗、对症治疗及支持治疗三类。病因治疗是从根源上避免有毒有害物质进入机体，针对毒物的致病原理进行处理。对症治疗的主要目的是保护劳动者体内重要器官功能，消除病痛，甚至挽救中毒者的生命。支持治疗则是提高患者的抗病能力，通过适当的营养补充，加强护理等措施，促使患者早日恢复健康。

个人防护用品的选择

3.物理因素职业病

物理因素导致的职业病主要有五大类：中暑、减压病、高原病、手臂振动病及听力损伤等。

物理因素的职业病可以通过技术手段和个人防护进行预防和治疗。例如，中暑可以通过调整工艺流程，通风降温，做好个人防护等手段进行预防。减压病主要由于机体在高气压下停留一段时间后，未能按照既定减压程序回归常压状态，吸入的二氧化碳过多却来不及排出体外，在血液内外形成气泡而导致的疾病。预防减压病需要劳动者在生产实践过程中严格遵守减压规则，并通过日常三餐的饮食调养增加维生素摄入，维持良好的身体状态。劳动者的听力损伤主要是受噪声的影响，噪声对听力的伤害是缓慢的，劳动者不易察觉，长期会造成不可恢复的听力损伤，甚至是噪声聋。为了避免噪声对劳动者的听力损伤，需要劳动者选用合适的个人防护用品，如采用能隔音、防震、吸声的耳塞或防声棉等，做好防护措施。

（四）职业病的预防

党的二十大报告指出："深入开展健康中国行动和爱国卫生运动，倡导文明健康生活方式。"职业病严重危害劳动者的身体健康，一旦患病很难治愈，致死、致残率较高。做好职业病有效预防是最经济、有效的健康策略。按照《职业病防治法》中有关规定，职业病的防治要按照三级预防的原则执行。

1.职业病的一级预防

职业病的一级预防又称病因预防，是指通过采用有效措施，使劳动者脱离与职业性有害因素的接触，从根本上使劳动者不接触职业病危害因素。例如，采用利于职业病防治的工艺、技术和材料，生产中以无毒物质代替有毒物质，使生产过程达到安全、卫生的标准。劳动者合理使用防护设施及个人职业病防护用品，尽可能不接触职业性有害因素，从而达到预防和控制职业危害的发生。

2.职业病的二级预防

职业病的二级预防又称发病预防，劳动者在进行职业活动时，通过定期的职业健康监护，进行身体检查及环境中职业病危害因素的监测，以期早发现对劳动者的健康损害，及时治疗，防止职业危害进一步发展。二级预防是主动的预防，较易实现，是对一级预防的补充。

3.职业病的三级预防

职业病的三级预防是指在劳动者患病后采取的措施。劳动者及时脱离接触，进行合理的治疗或康复处理，防止病情的恶化和其他并发症，促进康复。三级预防虽属被动，但对促进已患职业病者恢复健康有其现实意义。

📖 拓展阅读

职业病的诊断与鉴定

我国已将职业病纳入工伤保险范围，对职业性尘肺病及其他呼吸系统疾病、职业中毒等职业病患者提供治疗费用和生活保障。职业病属于职业伤害。职业病的诊断需按照《职业病防治法》《职业病诊断与鉴定管理办法》中的有关规定，依据劳动者工作岗位、工作环境、职业病及既往史等因素进行综合分析、诊断与鉴定。

《中华人民共和国社会保险法》第三十六条规定："职工因工作原因受到事故伤害或者患职业病，且经工伤认定的，享受工伤保险待遇；其中，经劳动能力鉴定丧失劳动能力的，享受伤残待遇。"劳动者需要进行职业病的诊断与鉴定，经工伤认定后，可享受工伤保险待遇。劳动者在当地职业病防治机构或疾病预防控制中心体检，被诊断、鉴定为职业病后，应及时申请工伤认定。符合有关规定后，劳动者依法享受国家规定的职业病待遇。

劳动者申请职业病诊断时，需要向承担职业病诊断的医疗机构提供以下材料：①职业史、既往史；②职业健康监护档案复印件；③职业健康检查结果；④工作场所历年职业病危害因素检测、评价资料；⑤诊断机构要求提供的其他必需的有关材料。用人单位和有关机构应当按照诊断机构的要求，如实提供必要的资料。

承担职业病诊断的医疗卫生机构应当具备下列条件：①持有《医疗机构执业许可证》；②具有与开展职业病诊断相适应的医疗卫生技术人员；③具有与开展职业病诊断相适应的仪器、设备；④具有健全的职业病诊断质量管理制度。承担职业病诊断的医疗卫生机构不得拒绝劳动者进行职业病诊断的要求。

职业病诊断机构做出职业病诊断后，应当向当事人出具"职业病诊断证明书"。"职业病诊断证明书"应当明确是否患有职业病，对患有职业病的，还应当载明所患职业病的名称、程度（期别）、处理意见和复查时间。当事人对职业病诊断有异议的，可以自接到"职业病诊断证明书"之日起 30 日内，向做出诊断的医疗卫生机构所在地设区的市级卫生行政部门申请鉴定。若对鉴定结果仍有异议者可继续向省级卫生行政部门申请鉴定。最终鉴定结果将以省级鉴定结论为准，即一次诊断、两级鉴定。

（资料来源：编者根据相关资料整理）

● 第四节　职业心理健康 ●

党的二十大报告指出："人民健康是民族昌盛和国家强盛的重要标志。把保障人民健康放在优先发展的战略位置，完善人民健康促进政策。"心理健康作为健康的重要组成部分，已经受到社会的广泛关注。随着我国社会的不断进步与发展，由于生活行为方式的变化，劳动者在职场中竞争日益激烈，面临的心理挑战也越来越大。如何确保劳动者的心理健康，已是摆在大众面前的问题。职业心理健康不仅作为现代经济社会中健康指标的重要评价环节，而且随着健康中国战略的实施，使得职业心理健康成为关系到劳动关系能否稳定存续的关键因素。

一、职业心理健康概述

人的健康包括生理健康、心理健康、社会健康。联合国卫生组织将健康定义为人的身体没有疾患，生理、心理和社会关系处于完满的状态。由此可见，生理健康与心理健康同等重要。一个人只有在身体、心理、社会适应良好和道德健康四个方面都健全，才是真正意义上健康的人。在职场中，拥有健康的职业心理对劳动者来说很重要。

（一）职业心理含义

职业心理指劳动者在职业活动过程中产生的心理活动和心理现象，是职业心理学的主要内容。其包含职业导向系统、职业动力系统和职业能力系统。职业心理有各种各样的表现形式，其中最主要的一种是职业劳动者的个性心理，主要表现是职业能力与职业意志。

（二）职业心理健康含义

职业心理健康指劳动者在职业活动中表现出强烈的职业动机和兴趣，在工作中能有效地发挥个人的身心潜力，能够高效地、创造性地完成各项工作，以及作为特定职业中的一员发挥积极的社会功能，获得成就感，实现自我价值。

从我国的法律体系来看，劳动者的职业健康法律体系虽相对完善，但更多关注的是劳动者身体的安全健康，对于职业心理健康的法律预防和保护是有所缺失的。从全局来看，只有既注重劳动者的生理健康，又重视心理健康，才能从根本上维护劳动者的职业健康。

世界卫生组织指出，成年人的大部分时间都用来工作，职业心理健康对个体发展、组织绩效和社会和谐都非常重要。在实际生活与工作中，人们常常会面对各种各样的心理问题，如何应对这些问题，始终保持在最佳的状态，对每个人至关重要。

二、职场中常见心理问题及应对方法

党的二十大报告强调，"重视心理健康和精神卫生"。随着我国工业化、信息化、科技化进程的加快，企业改革不断深入，劳动者面临的工作和竞争压力明显增大，在职场中的心理问题也逐渐上升。常见的心理问题有职业压力与职业倦怠。

（一）职业压力

我国经济社会结构转变，引发劳动者作业方式改变，很多信息、科技、金融等行业内的职责与要求复杂的岗位种类不断增加，劳动者面临更高的职业要求，加班工作、职责扩大、晋升压力大等职业特点在不断提升劳动者的职业压力水平。随之而来的是劳动者心理、情感与社会需求的增加，产生焦虑、紧张的现象变得十分普遍，这些心理卫生问题已得到社会的广泛关注。职业压力的高低影响个体的心理状态和工作质量，做好劳动者职业压力的疏导与调适工作十分重要。

1.职业压力概述

压力是在人与环境的相互作用下产生的，是个体与环境之间一种特殊的关系。当个体意识到环境是不确定的、未来是不可预知的，而环境要求又超过了个人能力或可利用的资源时，会对个体的舒适感产生威胁，个体就会产生压力。

职业压力又被称为职业应激、职业紧张或工作压力，指由于工作或与工作相关的因素对个体造成影响，从而改变个体正常心理与生理功能的结果。职业压力是影响职业心理健康的重要因素，所造成的损失是惊人的。现代社会居住空间狭窄、人口过密、公共设施不足、自然环境恶化等原因，使得人们面临的职业压力越来越大，这已逐渐成为劳动者在生活中的主要问题。过高的职业压力对劳动者的身心健康有着极为不利的影响。

但在实际生活中，压力也并不一定都对劳动者产生负面的影响。事实上，有研究表明，适度的压力能够提高工作绩效、增进健康。根据压力的性质不同，可以将压力分为积极压力与消极压力。积极压力在工作中能够充分调动劳动者的工作积极性，在某种情境中还能具有挑战性和正面性，虽然在感受上会让劳动者产生情绪上的不舒服，但也会带来激情与干劲。消极压力是指会使劳动者产生消极情绪的压力，当承受压力的时间很长或程度太重，以至于就算努力工作也摆脱不了时，会让人感到自身无法承担，从而体验到消极压力。消极压力在生理、心理和行为上都会为劳动者带来不好的体验，甚至影响身体健康。

职业压力表现在个体身上是对任何形式的伤害性刺激都产生的生理反应，包括预警期、抵抗期和衰竭期。面对职业压力时，若进行及时的调整，增强自我力量，将会产生不一样的效果。因此，在工作中要利用好压力，帮助自己提升工作效率、提高工作满意度，还需要了解职业压力的来源。

2.职业压力源

工作中难免会产生一定的压力。无论一项工作在表面上看起来有多么光鲜亮丽，都会存在或多或少的潜在压力源。压力源是指导致压力出现的刺激、时间或者环境。通常来讲，压力主要来自环境、组织和个体三方面因素。

从环境角度看，压力源可能来自个体在职业活动中的物理环境、社会环境和人际关系；从组织角度看，压力源通常包括组织结构、组织任务以及领导管理风格等；从个体自身的职业发展角度看，压力源主要来自个体无法在工作中感到满足，工作负荷、人际关系不和谐等。总体上看，所有与工作相关的因素都可能是职业压力的来源（表4-7）。

表4-7　职业压力源一览表

职业压力源	主要因素	可能的后果
工作条件	工作量太多 工作的复杂性及技术压力 工作单调乏味 工作条件恶劣 工作决策及责任	精疲力竭 烦恼和紧张增加 健康受到威胁
工作角色	角色不稳定 角色冲突 性别偏见和歧视	焦虑和紧张增加 工作满意度低 工作绩效低
人际关系	不理想的工作和社会支持体系 办公室政治、嫉妒或生气 领导对员工不关心	压力增加 孤独、抑郁 血压上升 人际退缩
职业发展前景	升职或降职 工作安全性与稳定性 抱负受挫 工作没有保障	工作满意度低 生产力降低 失去自信 焦虑增加

续表

职业压力源	主要因素	可能的后果
组织系统	组织结构不合理、制度不健全 监督或训练不足	动机与生产力低下 对工作不满意 产生挫折感
工作—家庭	引起压力的生活事件（如婚姻、家庭问题） 双重职业压力	精神冲突和疲劳增加 动机与生产力低下 婚姻冲突增加
个人特征	性别歧视 A型人格（紧迫感、竞争性强、求胜心强） 忍耐力差	受挫、冲突 长期的中度焦虑 消极不可控

职业压力的大小通常取决于压力源的大小，取决于个体身心承受压力的强弱程度。造成心理问题的压力源绝大多数是综合性的，在分析根源时，需把各种压力源看作有机的整体。往往在生物性或社会性压力源的背后，还隐藏着深层的精神性压力源。为了管理和认识压力，我们可以选择适当的方法应对职业压力，将职业压力产生的负面影响降到最低。

课堂探究

您有压力吗？

完成以下问卷，可以帮助您了解自己目前的压力状况。

1.您常莫名其妙感到心烦吗？

A.是　　　　　B.否

2.您和周围的人有过争执和冲突吗？

A.是　　　　　B.否

3.您很少主动找人谈心事吗？

A.是　　　　　B.否

4.您最近有过辞职、提前退休或离开工作岗位一阵子的想法吗？

A.是　　　　　B.否

5.您的体重最近明显上升或下降了3~5千克吗？

A.是　　　　　B.否

6.您知道自己的身体有些病痛，但没有尽快找医生吗？

A.是　　　　　B.否

7.您的饮食是不是肉食比蔬菜水果多？

A.是　　　　　B.否

8.您最近缺乏食欲吗？

A.是　　　　　B.否

9.您通常在深夜12点后才上床睡觉吗？

A.是　　　　　　B.否

10.您躺在床上常辗转反侧不易入睡吗？

A.是　　　　　　B.否

11.您是否常感到时间不够而且总是匆匆忙忙？

A.是　　　　　　B.否

12.您常疏忽做"紧急而重要"的事吗？

A.是　　　　　　B.否

13.您厌倦做琐碎且重复性的工作吗？

A.是　　　　　　B.否

14.您对突发性的工作没有耐心吗？

A.是　　　　　　B.否

15.您懊恼自己赚钱的速度不够快吗？

A.是　　　　　　B.否

16.您担心自己的储蓄不够或投资失误吗？

A.是　　　　　　B.否

17.您早有进修提升专业能力的想法，但迟迟没有行动吗？

A.是　　　　　　B.否

18.看到同事或同学表现杰出，您有自己不够好的感觉吗？

A.是　　　　　　B.否

19.当看到灾难新闻时，您的情绪会受到影响吗？

A.是　　　　　　B.否

20.气候阴雨潮湿或雾霾较大时，您的心情也会比较低落吗？

A.是　　　　　　B.否

测试解答（职业压力测试评分标准：A—1分，B—0分）

（1）如果您的分数为0~4分：属于无压力快乐族。

表现：目前您几乎没有压力，完全有能力自得其乐。

建议：享受生活、尽心工作；帮助身边有需要的人；对家人、朋友和同事心存感恩。

（2）如果您的分数为5~8分：属于低压力轻松族。

表现：多少有些压力，但还可以承受，可自行调节或寻求亲朋好友的帮助。

建议：自我调适。压力有些大时建议做有氧运动，如打球、快走或慢跑等，也可选择听音乐、练习书法等。

（3）如果您的分数为9~12分：属于中压力危险族。

表现：压力有起伏，时而轻松，时而沉重。

建议：多运动；给自己安排一点时间与朋友在一起聊聊天，尤其建议您与人生导师类的朋友交流，以便找到生活的平衡点。

（4）如果您的分数为13~16分：属于高压力危险族。

表现：您可能最近每天都绷得紧紧的，或者因为工作任务重、责任大，或者您的性格使自己遇事过于较真，难以放下。

建议：在对己、对人、对事方面不要过于要求完美，遇事有所取舍，您就会轻松很多。

（5）如果您的分数为17~20分：属于超高压危险族。

表现：您有时不知道自己是为谁、为什么而活着，您常感到压力大，有快要让自己身心崩溃的感觉。

建议：选择适当的解压方法舒缓压力，必要时寻求专业的心理治疗。常见的解压方法有运动解压法、饮食解压法、音乐解压法、放松解压法。

做完压力测试之后，您的压力程度如何？根据自己的生活经验，说一说平常生活中哪些事件会让您感到有压力？您是怎样应对的？

3. 职业压力的应对方法

职业压力无处不在，我们不可能彻底消除职业压力。那么，如何将职业压力的程度调整到最佳点，维持在最佳状态，以提高工作效率，达到劳动者最佳的绩效。通过图4-3所示压力水平与绩效间的关系，可以看出压力程度与工作绩效间存在密切联系。

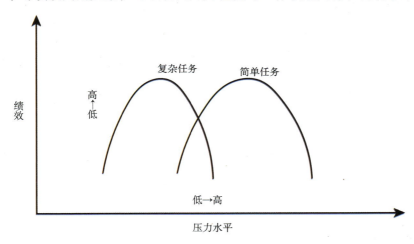

图4-3 压力水平与绩效间的关系

劳动者在职业活动中维持一定量的压力时，是有益的，能够最大程度激发工作动力、提高工作绩效。然而，在现实生活中压力过大则会导致劳动者身心健康受到影响，如何应对不良压力，有以下五种方法可供参考。

（1）提前获知压力来源。事先获得有关压力的信息，做好充分的准备，使个体有心理准备以应对职业压力，这也是应对职业压力的有效方法之一。

（2）培养身、心、灵的健康。身是指培养健康的生活方式，早睡早起、适当运动，不吃不健康的食物，如酒精饮品。心是指培养良好的心理素质，避免自尊心过低或过于自负的想法。灵是指学习处世的价值观，懂得一些处世哲学，避免过分追求物质。

（3）积极面对问题。压力是挑战，也是机遇，更是成长的粮食，因此要积极面对压力，把握机会。改变对压力事件的认知，可以使个体调整对压力的反应程度，减轻压力的生理反应，缓解不良情绪体验。尤其对于即将进入职场的大学生而言，压力是其成长的粮食、前进的动力。

（4）充分自我肯定。自我肯定是个体应对威胁的一种干预措施，通过肯定自我来不断提升自我价值。在工作中，不过分在意他人对自己的看法与评价，不过分估计同事的认可与领导的器重。如果一个人过分依赖别人的评价与态度而工作，就会因为害怕得不到而患得患失，容易处于忧郁、焦虑不安及自责中。当处于极大的压力之下时，需要进行充分的自我肯定，及时调整自己的情绪（图4-4）。

图4-4　保持心情愉悦

（5）改善人际关系及社交支持。良好的人际关系是对抗压力的有效手段。与自己的家人、朋友建立良好的关系，建立社交支持网络。在遇到难以解决的问题时，积极接受别人的支持，同时亦向有需要的同事伸出援手。遇到心理困扰时，可以向信赖的人倾诉，或找专业的心理辅导机构进行心理咨询，如出现焦虑不安、抑郁症状，应尽早就诊治疗。

（二）职业倦怠

职业倦怠是由于长期的职业压力无法得到有效缓解所形成的慢性应激过程。劳动者的职业倦怠会造成两种负面效果：一是逃避工作要求，以消极敷衍的态度完成工作；二是在工作中感受不到自我价值的实现和必要的尊严，怀疑自己工作的意义。

职业倦怠所带来的负面效果将影响劳动者的工作态度，继而产生疲劳、焦虑的情况，甚至身体、情感发生枯竭。了解职业倦怠的症状及应对措施，对当下的劳动者尤为重要。

1.职业倦怠的概念

职业倦怠也称为职业枯竭、工作倦怠，指个体在长期的工作重压下，面对工作过度的能力、精力和资源需求，产生的以情感耗竭、去人格化和成就感低落为特征的一系列综合性症候群。情感枯竭指个体由于过度疲劳，情感反应和身体活力被消耗殆尽，没有工作热情，常常感到心力交瘁，甚至对所从事的工作产生厌恶感，这一过程常常伴随挫折、紧张。去人格化指个体刻意对工作对象保持距离，对待工作对象及环境采取漠视和冷酷态度，对工作敷衍了事。成就感低落指个体缺乏准确的自我效能感判断，倾向于消极地评价自己，认为在工作中不能发挥自己的才能，持续否定自我存在的价值。

2.职业倦怠的症状

在职场中，正在经受职业倦怠的劳动者的症状一般体现在身体、智力、社会、情绪和精神五个方面。具体而言，主要有以下的症状：①上班迟到、早退现象增加。②工作中的小失误、小差错增加。③工作效率低下，工作任务不能按时完成。④忘记事先的约定，失约或食言。⑤注意力不集中，总是听错或者漏掉别人说话的意思。⑥回避与领导、同事的交往，怠慢工作报告、业务小结等。⑦对周围人的态度不友善，说话带刺，与他人的冲突增加。⑧身体出现各种不舒服的感觉。⑨在某领导面前，心里特别不舒服。⑩去执行某项特殊业务时，心里有痛苦感。

劳动者保持工作与生活的平衡非常重要。职业倦怠的人常常处在个人需要、工作与家庭的不平衡中，在经历很长一段时间的挫折和压力之后，对工作没有信心、失去乐趣。导致出现职业倦怠的因素是多方面的，既有客观因素，如工作任务重、工作难度大、晋升无望等，也有主观因素，如个人在年龄、性别、能力等方面存在个体差异。总的来说，在工作中自我评价低、凡事追求极致等容易受到职业倦怠的折磨。

职业倦怠对员工的工作绩效和心理健康都有着巨大的负面影响。当出现职业倦怠的某些症状时，或者正在经受职业倦怠，都有必要采取适当的手段预防和应对。

3.职业倦怠的应对方法

患有职业倦怠心理的劳动者常常会有一种无力感。当其在情感与技能上无能为力、无法应对时，工作热情、工作业绩、人的自信心等都会随之降低。面对职业倦怠，积极的个人调节能够有效预防和缓解因职业倦怠造成的个体负面影响。除此之外，积极寻求组织的援助对职业倦怠的预防和缓解也有着不可替代的作用。

（1）正视职业倦怠。职业倦怠是现代社会生活快节奏下的普通事件，个体需要在认知上正确看待职业倦怠的到来。时刻保持清醒的意识、积极的心态对职业倦怠进行自我调适，重新思考自己的位置，审视自己的工作习惯。如果能把职业枯竭当成对自己未来发展的一种督促，焦虑感就会大大降低。

（2）挖掘工作价值。在工作中，积极寻找有意义、有价值的方面，逐渐培养对工作的兴趣，在重复、繁杂的工作中找到创新的可能性，也能让个体感受到工作的价值，也会让人觉得斗志昂扬、精力充沛。在工作以外，可以通过培养兴趣爱好或参与丰富的业余生活增加自我心理代偿。

（3）掌握积极的情绪控制方法。面对职业倦怠，个体要努力掌握积极的情绪控制与应对压力的方法，不刻意回避由职业倦怠引起的个体行为上的改变，懂得使用适当的方式寻求情感及工作支持，从问题出发寻求最直接的解决办法。

（4）寻求工作与生活相平衡。进行有效的时间管理，调整工作和生活的平衡，形成科学、健康的工作方式，进而提高工作效率。工作是干不完的，面对复杂的工作应分清轻重缓急，合理分配工作时间，只有劳逸结合、有张有弛，才能提高工作效率。此外，还可以制订切实可行的工作目标，不能过分超越自己的能力。

摆脱坏情绪的小窍门

（5）积极寻求心理咨询。当个体感受到压力的威胁而产生职业倦怠的情绪时，可以寻求家人、朋友或同事的帮助，把自己的心理症结说出来，积极寻求改进建议。一些消极情绪如果没有得到有效的疏解，需要及时接受心理咨询或者医学检查，进行有针对性的调节。

📖 **拓展阅读**

员工帮助计划

员工帮助计划（Employee Assistance Programs，EAP）是由企业为其成员设置的一项长期的、系统的援助和福利项目。

当前，我国经济发展正处于重要的战略机遇期，互联网等科学技术发展迅速。企业改革正处于攻坚期与深水期，需要员工帮助计划来帮助企业厘清员工的真实思想情绪、愿望与要求。企业通过专业的服务调整员工的心态，解决各种心理问题与困扰，改善企业环境与氛围，从而达到员工和企业的共同和谐。

近些年，EAP在部分企业、机关、部队实施，取得了一定效果。国内的员工帮助计划服务主要集中在心理方面的帮助。从服务项目上说，主要的服务包括以下八个方面。

（1）调查分析：从员工个人心理健康与整体心理状况两方面进行调查分析，深入研究组织压力、组织气氛、组织承诺等各方面情况，给出整体评估和建议。

（2）个体咨询：工作、个人及家庭问题。

（3）团体咨询：以团体为对象，目的在于解决团体面临的问题，帮助员工与企业建立和保持有效的工作关系。

（4）教育培训：为员工提供与心理健康有关的各种咨询培训。

（5）职业生涯规划：为个人或组织提供职业生涯规划方面的咨询。

（6）推广促进：宣传及推广员工帮助计划。

（7）危机干预：为员工的各种紧急、重大事项提供医学咨询、治疗、帮助、转介和跟踪等服务。

（8）个人测评：为员工和管理者提供个人测评服务，对个人能力和性格等方面进行综合评定。

员工帮助计划作为一个系统性的项目，一般来说是长期实施的。但有时可以根据企业的实际需求，在特定情况下为员工实施必要的帮助，如新进员工的培训与辅导；企业改革中的角色变换、业务提升等，导致员工出现压力和情绪问题；裁员期间员工感受到的心理压力、恐慌；等等。

目前，员工帮助计划在不断发展，已经被作为主流的组织干预、组织发展以及管理思想的一部分被纳入企业的人力资源管理中，发挥更大的作用。

（资料来源：编者根据相关资料整理）

课后思考

1.大学生在初次就业签订合同时要注意哪些问题？

2.在试用期的小张去外省出差时突发疾病需要住院治疗。根据有关规定，小张是否可以享受跨省异地就医直接结算政策？如果可以，请帮助小张画出跨省异地就医直接结算的简易流程图。

3.职业安全风险有哪些？如何防范职业安全风险，保障自身合法权益？

4.如何有效预防职业病？当怀疑自己是否因工患上职业病时，应该采取怎样的诊治手段？

实践活动

具体内容见《新时代大学生劳动教育》实践手册的"实践任务七""实践任务八"。

第五章

劳动实践

劳动实践包括日常生活劳动、生产劳动和服务性劳动三个方面。本章阐述了大学生开展各类劳动实践的意义和方法。通过本章的学习，大学生可以从个人习惯和宿舍卫生入手，积极参与实训实习，树立助人理念，在力所能及的范围内服务社会、服务大众，从思想上和行动上体会劳动的意义，内化于心、外化于行，真正做到知行合一。

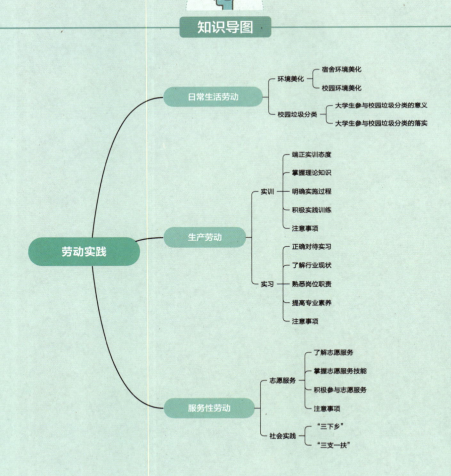

学习目标

★**知识目标：**了解日常生活劳动、生产劳动和服务性劳动的概念，理解各类实践劳动的意义。

★**能力目标：**掌握在校期间日常生活劳动、生产劳动和服务性劳动开展的基本方法，提高在实践中发现问题、解决问题的能力。

★**素质目标：**树立热爱劳动、尊重劳动的态度，形成自立自强意识、诚实劳动和公共服务意识，培养积极的劳动情感和良好的劳动习惯。

案例导入

从一等功"兵王"到"最美大学生"

从象牙塔到绿色军营，从手捧课本到紧握钢枪，从在戈壁黄沙的训练场上成为"优秀新兵"，到在高手云集的国际比赛上斩获佳绩荣立一等功，再到重拾书本重踏"求知之路"，刘宸拥有了不一样的青春。

2017年，刚在西南石油大学经济管理学院读满一年的刘宸，响应国家号召，积极应征入伍，并主动请缨到艰苦偏远的新疆服役，实现自己卫国戍边的从军梦想。服役期间，刘宸在"国际军事比赛"中勇夺三金、荣获一等功，成为名副其实的"兵王"。

2019年9月退伍后，刘宸没有选择直接复学，而是先用一年的时间在社会实践中锻炼自己。通过社会实践，刘宸丰富了人生阅历，增长了社会经验，更加清晰地认识到知识的重要性。

2020年9月，刘宸返校复学。从他收拾整洁的床铺、豆腐块状的被子上还是能看出，这是一个曾经在部队里磨砺过的军人。虽然已经离开了部队，但刘宸的大学期间无论是学习还是生活都充满了军人作风。因为刘宸的到来，宿舍就变了模样。在他的带动下，大家对宿舍进行了改造，换成了统一的床帘、统一的摆设，原本有些脏乱的寝室变得干净整洁。

复学后，刘宸带领大学生志愿者成功组织了2020年退伍老兵欢迎仪式，参与双拥公益广告拍摄，担任成都市新都区反电信诈骗宣传形象大使等。他将部队的优良作风带回校园，继续发挥模范带头作用，不断发扬传播正能量，被授予"四川省五四青年奖章"，获评教育部2021年"最美大学生"称号。

刘宸通过努力奋斗拥有了传奇的青春，他报名参军，把梦想变成了现实。服役期间，他迎难而上、刻苦训练荣获一等功；退伍后，刘宸积极参与社会实践，在实习的过程中增长人生阅历；复学后，他引领带动身边的同学，不断弘扬传播正能量，并继续向着新的目标前进。"纸上得来终觉浅，绝知此事要躬行。"刘宸的每一次成长，每一份荣誉都离不开脚踏实地参与到实践中。奋斗为青春征途点灯，也为星辰大海着色。刘宸正在用自己的努力继续刷新着他的人生履历，期待他在人生的每一个赛场上迸发荣光，收获更多的"一等功"。

（资料来源：严天呈，李玲. 大学生"兵王"刘宸：青春战场不走寻常路.

四川日报，2022-01-12（12）. 有改动）

思考：

1. 刘宸在大学期间都参加了哪些实践活动？

2. 刘宸的故事对你有什么启发？

党的二十大报告指出："广大青年要坚定不移听党话、跟党走，怀抱梦想又脚踏实地，敢想敢为又善作善成，立志做有理想、敢担当、能吃苦、肯奋斗的新时代好青年，让青春在全面建设社会主义现代化国家的火热实践中绽放绚丽之花。"实践是检验真理的唯一标准，一切的理想抱负最终都要落实到行动上。大学生要通过劳动实践加强对劳动理论知识的理解，通过劳动实践提高劳动能力，树立劳动理念，锻炼劳动技能，培养劳动品质，厚植劳动情怀。广大青年要从实践出发，脚踏实地以青春之我、奋斗之我投身于伟大事业，撸起袖子加油干，一棒接着一棒跑，在火热实践中展现担当作为、施展抱负才华，为全面建设社会主义现代化国家作出新的贡献。

● 第一节　日常生活劳动 ●

日常生活劳动指可以直接满足生活需求的劳动，是与日常生活紧密联系的社会实践劳动，也是劳动的最基本形式。大学生日常生活劳动指大学生在校期间为满足校园日常生活所进行的劳动，主要包括个人内务、宿舍卫生、校园保洁、垃圾分类等。大学生积极参与日常生活劳动，有助于养成良好的日常生活劳动习惯，提高自立自强意识，为适应社会生活做好准备。

一、环境美化

环境美化是审美性日常生活劳动的一种具体形式。审美性日常生活劳动是按照审美标准运用劳动技能创造美、创造幸福生活的劳动。大学生应积极参与环境美化，掌握宿舍和校园公共环境美化的一般方法，养成良好的日常生活劳动习惯，构建和谐宿舍关系，营造良好学习氛围。

（一）宿舍环境美化

宿舍是大学生的公共生活空间，也是大学生学习、生活和休息的重要场所。良好的宿舍环境不仅能够提升居住体验，更能陶冶情操，促使宿舍成员形成和谐的人际关系。宿舍环境可以很好地反映宿舍成员的精神风貌，这是大学生自理能力的重要体现，也是衡量大学生个人修养的重要指标之一。

1.大学生参与宿舍环境美化的意义

（1）养成良好的生活习惯。干净整洁的宿舍环境可以有助于大学生养成良好的生活习惯。良好的生活习惯是保障大学生生理健康和心理健康的第一步。大学生进入校园后，生活环境和生活方式发生了变化，日常的生活起居没有家长的照顾和督促，日常生活事务需要亲力亲为不能再依赖他人。这使部分大学生无所适从，对自我日常生活管理不正确的认识以及原有的不良习惯都会被放大，不利于大学生的全面健康发展，更为日后独自面对社会生活埋下隐患。因此，从宿舍环境美化开始，注重个人卫生习惯、掌握基本的美化收纳技巧，逐步养成保持居住环境干净美观的习惯对大学生来讲非常重要。大学生从宿舍环境美化做起，从小事做起，并坚持不懈，有助于提升自我管理能力，从而养成良好的生活习惯。

（2）提升生活品质。良好的宿舍环境是提升生活品质的有效方法之一。宿舍环境是全体宿舍成员精神风貌的体现，反映出的宿舍文化氛围无时无刻不在熏陶着每一个成员。大学生在改造现有生活物料的过程中提升使用体验，在创造美的过程中提升审美能力，通过宿舍的美化获得更好的居住环境，通过宿舍美化丰富生活内涵，从物质和精神两个层面，构建良好文化氛围，提升生活品质。

（3）促进人际交往。良好的宿舍环境可以促进大学生的人际交往。大学宿舍成员来自五湖四海，每个人有不同的生活习惯和脾气性格。宿舍劳动可以加强成员间的沟通交流，在劳动过程中互帮互助，形成良好的集体意识和协作精神。宿舍美化可以加强宿舍成员之间的了解，在创造美的过程中学会换位思考、互相理解。干净整洁的环境、良好的氛围，可以帮助大学生积极地看待问题、解决问题，从而缩小分歧，达成共识，构建和谐的人际关系。

2.宿舍日常生活劳动

宿舍环境的美化是一个创造美的过程，从常规的宿舍劳动开始，由点及面，逐步开展，是一个长期的逐步美化的过程。大学生在美化宿舍的过程中不能追求一时的美观和形式感，而是要更多地兼顾实用性、经济性和绿色低碳的原则，要贴合大学生活实际，开展符合宿舍成员特点的宿舍美化。

（1）个人卫生。做好个人卫生是美化宿舍环境的第一步。个人卫生看似与其他人无关，但宿舍是所有成员共同的居住空间，是居住密度相对较高的环境，大家是相互影响的。因此，只有做好个人卫生才能拥有更好的宿舍环境。

第一，清洁皮肤。大学生要注意身体的清洁，勤洗脸、勤洗脚、勤洗澡，做好个人形象管理，保持仪容仪表端庄大方。做好身体清洁，不仅有利于身体健康，而且可以建立良好的个人形象。

第二，清洁衣物。大学生要注意常用物品的清洗，勤洗衣物、勤洗床单和被罩。在清洗时，内衣要和其他衣物分开清洗。如果使用公共洗衣机清洗床单、被罩等大件衣物，可以在清洗时加入衣物专用的消毒液。

以上只是常见的保持个人卫生的方法，而在生活中还会遇到更多需要注意个人卫生的场景，大学生要遵循干净整洁、健康生活的基本原则，做好个人卫生。

（2）收纳物品。收纳物品是保持宿舍整洁的一条重要途径，是开始美化宿舍的基础。收纳不仅是将物品放在柜子里，更重要的是方便取用，以及方便物品的复位。掌握一些简单高效的整理收纳技巧很重要，通过收纳可以打造具有幸福感的空间状态。零碎混乱的物品所产生的干扰，会降低大脑工作的积极性。通过收纳可以营造一个轻松高效的空间。

第一，整理桌面。桌面不放杂物，只放最常用的物品，文具等小而零碎的物品可以放在抽屉里分格收纳。收纳时，让每一件物品都有固定的位置，同一类物品收纳在临近的空间，这样取用和打扫起来都很方便。

第二，整理衣柜。宿舍的衣柜比较小，做好衣柜的空间规划能更好地利用衣柜。将衣服分类，衣柜里只放当季的衣服，衣服可以按长短依次挂起，短衣服的下方可以利用收纳盒放置袜子、内衣、腰带等小件物品。

第三，整理床铺。被子叠放整齐，床单铺平整可以让宿舍看起来更加干净整洁。宿舍没有床头柜，常用的零碎物品可以利用收纳篮、收纳盒等收纳器具收纳。

第四，整理公共区域。公共区域的整理也要做好分类管理。一方面是做好所放物品的分类，把同一类物品收纳在一起，如可以将扫把、拖把等清洁工具放在一起。另一方面是做好物品归属的分类，宿舍成员的物品摆放在同一区域时，应固定好个人物品摆放的位置。

整理收纳是十分细致的工作，大学生在生活中还会遇到很多具体的问题，但我们只要遵循分类、分区收纳的原则，开动脑筋，就可以打造出井井有条的空间。

（3）美化宿舍。美化宿舍不仅可以对外展示宿舍成员良好的精神风貌，也可以让居住者心情愉悦，增强归属感和认同感。美化宿舍时，大学生要遵循简单、大方、温馨、舒适的原则。宿舍空间相对较小，不必使用过多的物品进行装饰，否则会显得杂乱无章。在美化时可以注重氛围的烘托，让宿舍充满家的温暖气息。

第一，宿舍整体美化。在干净整洁的基础上，可以根据宿舍成员的具体情况美化宿舍。首先，要充分考虑每个成员的生活学习习惯、兴趣爱好等因素，选择具有共同基础的宿舍文化主题。比如，学习型宿舍、运动型宿舍、环保型宿舍、国风型宿舍等。其次，围绕宿舍主题设计专属的宿舍美化设计。宿舍全体成员要共同商议，确定美化方案，共同参与美化过程，这样不仅可以增进宿舍成员的感情，还可以培养团队协作能力。最后，还可以根据宿舍主题设计团队活动，如行为习惯养成计划、宿舍团建活动等。

第二，个人空间美化。宿舍是大学生在学校的"家"，在宿舍美化时，除了考虑宿舍的整体风格外，每个人也可以根据自己的审美喜好和兴趣，增加一些别具特色的小设计，打造属于自己的空间。

党的二十大报告指出："加快节能降碳先进技术研发和推广应用，倡导绿色消费，推动形成绿色低碳的生产方式和生活方式。"在美化宿

旧物改造：
手提袋变收纳盒

舍的过程中，大学生要始终秉承低碳、绿色、环保的理念，要开动脑筋进行旧物改造，变废为宝。这样不仅可以节约资源，还可以提升自己的动手能力。比如，利用不穿的旧衣服改造收纳袋；利用快递盒、衣物包装盒等制作收纳盒；利用牛奶盒、饮料瓶等制作笔筒；利用各类纸盒制作抽屉分格收纳盒等。利用旧物、废弃的包装盒等做成各种实用的日用品，不仅创意十足，更向周围的人传递了绿色的生活态度。

（4）保持整洁。宿舍成员要自觉维护已经建立的良好宿舍环境。保持宿舍干净整洁，是宿舍美化的最后一步，也是关键的一步。只有保持干净、整洁，有特色的宿舍才是环境优美的宿舍。所以为保持美化宿舍的劳动成果，每个宿舍需要制定一些规则，通过宿舍成员的共同努力来维护。

第一，安排好值日表，宿舍成员轮流值日，及时通风、倒垃圾，保持室内清洁卫生。

第二，公共区域的物品用完后要及时放回原来的位置，衣物晾晒在指定的区域，个人杂物不放在公共区域，不向洗漱间、水池等位置倾倒各类生活垃圾。

第三，个人区域的物品也要摆放整齐，用完的物品及时收纳，床铺被褥叠放整齐，床上不堆放各类杂物。

良好的宿舍环境需要共同建设，更需要宿舍全体成员共同维护。大学生要尊重宿舍其他成员的劳动成果，维护好宿舍环境。

（二）校园环境美化

校园是大学生日常生活、劳动和实践的场所。校园日常生活劳动主要包括校园的打扫清洁和绿化美化等。虽然在大学校园里，这些事务很大程度上由学校的后勤、物业等部门负责，但是学校也是大学生学习、生活、成长的地方，是其共同的家园，所以大学生从事部分力所能及的校园日常生活劳动是必要的。校园保洁美化是指校园里各楼宇、休闲空间、运动场地、广场、草坪、道路、桥梁、沟渠等场所的卫生保洁及美化。"校园是我家，保洁美化靠大家。"校园保洁美化是每个大学生的责任与义务。

1.大学生参与校园环境美化的意义

大学生参与校园保洁美化劳动，一是可以更好地保持校园环境干净、整洁、美丽，有利于营造一个舒适的学习环境，促进学习效率的提升。二是出力流汗有利于身体健康，同时在参与劳动的过程中体会劳动的不易，学会尊重他人的劳动成果。三是可以学习劳动工具的使用，掌握更多的劳动技巧。四是利于增强集体精神和合作精神。

2.校园环境保持

（1）保持图书馆环境。将纸屑等垃圾按规定放入垃圾桶，不在阅读区域饮水、吃零食，严禁在图书馆吸烟。带来的资料、杂物等在离开图书馆后一同带走，不占用公共学习空间。爱护图书，不在书上勾画，不损坏图书，借阅完的图书放回原位。

（2）保持操场、体育馆环境。运动结束后，空水瓶、损毁的运动耗材（如报废的羽毛球）等垃圾按规定放入垃圾桶。雨天要根据场馆的要求将雨具收纳，摆放整齐。

（3）保持食堂环境。用餐完毕后，餐椅归位，桌面保持整洁，将餐具放置在指定的区域。节约粮食，餐余垃圾按照规定丢弃在相应的垃圾桶内。

3.校园环境清扫

（1）清扫教室卫生。教室是大学生日常学习的主要场所，教室卫生需要大家共同维护。大学的教室大多是公共教室，大学生在清扫教室卫生时要注意，除了扫地、拖地、倒垃圾这些一般劳动外，还要注意清扫课桌抽屉里的垃圾、规整教室桌椅等。另外，大学生在使用教室时也应该尊重其他同学的劳动成果，不乱扔垃圾、不乱涂乱画，共同营造干净整洁的学习环境。

（2）清扫校园道路。校园道路包括供机动车、非机动车行驶和行人行走的道路，其卫生情况直接影响校园的干净整洁面貌。清扫校园道路主要是清扫道路上的垃圾、树叶和积雪等。清扫的垃圾和落叶都要根据要求进行处理。如果需要集中堆放，还要注意沿途不要掉落。

通过清扫校园环境卫生，大学生可以学习到更多的劳动技巧。当代大学生要积极行动起来，积极投身到美化校园环境的劳动中，在劳动中培养集体观念、增强团队协作能力，逐渐养成爱劳动的良好习惯。

二、校园垃圾分类

垃圾分类指按一定规定或标准将垃圾进行分类储存、投放和搬运，从而使其转变成公共资源的一系列活动的总称。党的二十大报告指出："实施全面节约战略，推进各类资源节约集约利用，加快构建废弃物循环利用体系。"垃圾分类是为了提高垃圾的资源效益和经济价值，力争物尽其用，减少垃圾处理量和对处理设备的使用，降低处理成本，减少对土地资源的消耗。校园垃圾分类主要指对校园日常生活和学习过程中产生的垃圾，包括塑料制品、纸质包装、印刷制品、金属制品及瓜果皮剩饭菜等，进行分类投放管理。总的来看，大学生校园垃圾分类的主要内容：教学区的垃圾包括废纸、实训产生的垃圾等；食堂产生的餐饮垃圾，包括塑料、餐厨垃圾等；宿舍区垃圾比较杂乱，主要为食品包装、瓜果皮等。大学生校园垃圾除了部分餐厨垃圾和部分实训产生的垃圾会有专人负责回收外，其他垃圾均需要大学生完成垃圾分类。做好校园垃圾分类是大学生日常生活劳动的重要内容。

（一）大学生参与校园垃圾分类的意义

校园开展垃圾分类，把垃圾当成资源，不仅可以节省大量填埋占地、避免污染，还能按类别回收资源、保护资源和环境。同时，还可以培养学生了解垃圾分类知识，养成垃圾分类习惯，形成环保意识，对校园环境的美化和治理有着深远的意义。

第一，大学生积极参与垃圾分类，既能养成尊重劳动的习惯，也能节约校园资源。在完成垃圾分类的同时，学会尊重环卫工人的劳动，不乱扔垃圾。树立环保意识，正确认识包装，从而拒绝过度包装。积极参与废物改造活动，利用好资源。

第二，参与垃圾分类有利于大学生培养自身的创新精神。大学生通过解决在垃圾分类过程中遇到的实际问题，可以激发其创新创造能力。有些废弃的物品，如电子产品，需要将外壳、电路板、电池等零件拆分开才能正确投放，在拆解过程中，可以锻炼大学生的观察能力和动手能力。

第三，参与垃圾分类可以帮助大学生获得劳动认同感，在实践锻炼的同时培养其勤俭节约，珍惜劳动成果的品质，促进其劳动精神的养成。

总之，大学生做好垃圾分类，既可以养成良好的卫生习惯，更好地成长为一个文明人，也可以使校园更加美丽。

（二）大学生参与校园垃圾分类的落实

学校作为人口密集的公共场所，涉及餐饮、快递等产生生活垃圾的重要环节，垃圾分类任务繁重、紧迫。大学生是未来社会的中坚力量，又是垃圾分类的直接受益者，更应该从自身做起，举手之劳就能维护美好校园。

1.学习相关知识

大学生要做好垃圾分类，首先要在态度上重视，主动学习垃圾分类的相关知识，做到意识概念上的清晰正确，这样才能在日常生活中正确地投放不同类型的垃圾。

（1）学习分类方法。随着人们物质生活的不断丰富，垃圾成分也日趋复杂，准确地进行垃圾分类，可极大限度地防止二次污染。根据住房和城乡建设部2019年11月15日发布的《生活垃圾分类标志》（GB/T 19095—2019），生活垃圾类别调整为可回收物、有害垃圾、厨余垃圾和其他垃圾四大类。

可回收物指可以再生循环的或经过处理加工的可以重新使用的生活废弃物，主要包括废纸、塑料、玻璃、金属和布料五大类。废纸主要包括报纸、杂志、图书、各种包装纸等，但是纸巾和厕所用纸由于水溶性太强而不可回收；塑料主要包括各种塑料袋、塑料泡沫、塑料包装、一次性塑料餐盒餐具、硬塑料、塑料牙刷、塑料杯子、矿泉水瓶等；玻璃主要包括各种玻璃瓶、碎玻璃片、镜子、暖瓶内胆等；金属物主要包括易拉罐、罐头盒等；布料主要包括废弃衣服、桌布、洗脸巾、书包和鞋等。

有害垃圾指含有对人体健康有害的重金属、有毒物质或者对环境造成现实危害或者潜在危害的废弃物，包括电池、荧光灯管、灯泡、水银温度计、油漆桶、部分家电、过期药品、过期化妆品等。

厨余垃圾包括剩菜剩饭、骨头、菜根菜叶、果皮等食品类废物。大学生在进行垃圾分类时要注意，花生壳、残枝落叶、鲜花等都属于厨余垃圾。

其他垃圾主要包括砖瓦陶瓷、渣土、卫生间废纸、纸巾等。难以腐烂变质的生活废物，如使用过的餐巾纸、卫生纸、尿不湿、女士卫生用品等。

（2）认识投放标识。在了解了不同的垃圾怎么分类后，大学生还需要认识不同类别垃圾的标识，在生活中根据标识投放，以免放错。

可回收垃圾的图标是一个带有循环箭头的三角形图案。有害垃圾的图标是一个中间带有十字叉的图案。厨余垃圾的图标是一个沙漏图案。其他垃圾图标是一个带有向下箭头的三角形。各类标志如图5-1所示。

图5-1　各类垃圾分类标志

《生活垃圾分类标志》（GB/T 19095—2019）将生活垃圾分为四大类和11个小类，分类情况及相对应的标识如表5-1所示。

表5-1　生活垃圾分类和投放标志对照表

大类	小类举例	投放标志
可回收物	纸类	可回收物 Recyclable
	塑料	
	金属	
	玻璃	
	织物	
有害垃圾	灯管	有害垃圾 Hazardous Waste
	家用化学品	
	电池	
厨余垃圾	家庭厨余垃圾	厨余垃圾 Food Waste
	餐厨垃圾	
	其他厨余垃圾	
其他垃圾	废纸、纸巾等	其他垃圾 Residual Waste

（3）掌握投放要求。为了更好地回收利用垃圾，不同类型的垃圾在投放时也有不同

的要求。在了解垃圾分类方法、认识垃圾分类标志的同时，大学生还应当掌握不同类别垃圾的投放要求。

可回收物投放要求：尽量保持清洁干燥，避免污染；立体包装物应清空内容物，清洁后压扁投放；易破损或有尖锐边角的应包裹后投放。

有害垃圾投放要求：投放时要注意轻放；易破碎品、废弃的药品应连带包装或包裹后投放；压力罐装容器应排空内容物后投放。如果在公共场所产生有害垃圾且未发现对应收集容器时，应携带至有害垃圾投放点妥善投放。

厨余垃圾投放要求：厨余垃圾应从产生时就与其他类别的垃圾分开收集；投放前尽量沥干水分，有外包装的应去除外包装投放。如果在公共场所产生厨余垃圾且未发现对应收集容器时，应携带至厨余垃圾投放点妥善投放。

其他垃圾投放要求：注意保持周边环境整洁。

垃圾分类投放是大学生完成垃圾分类的最后一步，只有按要求投放，才能最大限度地提升资源的利用率，减少污染、减少损害，把垃圾分类工作真正做完做好。

2.落实垃圾分类

垃圾分类近几年成为绿色低碳生活的新风尚，大学生要了解垃圾分类的意义，主动掌握垃圾分类知识，把垃圾分类落实到每一天。

（1）积极行动。在宿舍丢弃垃圾时就做好分类管理，按照分类原则，设置多个垃圾桶，这样在统一丢弃到回收站的时候会更方便。

（2）严格执行。不同类型的垃圾每天的产生量不同，所以不同垃圾类别的投放数量也不尽相同。大学生要做好数量较少种类的垃圾投放，不能因为投放容器距离较远就不按要求投放，不能因为投放要求烦琐就不按规定投放。

垃圾分类只有落实到行动上才能真正地减少土地侵蚀，提高经济价值，减少环境污染，保护生态环境，变废为宝，实现资源的有效利用。所以大学生要积极行动起来，让垃圾分类工作成为日常生活中无须提醒的一部分。

3.宣传绿色理念

大学生要主动宣传垃圾分类的意义，让更多的人理解支持这项工作，让更多的人了解并加入绿色低碳的生活方式。

第一，普及垃圾分类的知识。大学生要积极主动地向身边的家人朋友普及垃圾分类的知识，让老人和小孩子都能对垃圾分类知识有足够的了解。

第二，共同行动落实垃圾分类。大学生不仅要在校园内执行垃圾分类投放，在家中也要和家人一起落实，带动周围的朋友一起行动起来。

垃圾分类看似是"小事"，实则是"大事"。垃圾分类在大学生日常生活中，虽是一件每天都要做的很小的事情，但实际上有着重大的经济、环境、生态和社会效益，是一件利国利民的大事。我国人均资源并不丰富，更应珍惜本小利大的垃圾资源。大学生应该从自身做起，在日常生活中积极践行垃圾分类。

高校大学生的日常生活教育重在劳动观念养成。无论是环境美化还是垃圾分类，都是大学生在校期间日常生活劳动的一部分。日常生活劳动可以帮助大学生在个人生活自理中强化劳动自立意识，体验持家之道，这是大学生健康发展、适应社会生活的重要基础。日常生活劳动不是简单地洗衣服、打扫卫生、清理垃圾，而是要通过日常生活劳动树立正确的劳动观念、锻炼必备的劳动能力、树立积极的劳动精神、养成良好的劳动习惯。大学生要积极参加日常生活劳动，提升动手能力和创新能力。掌握日常生活劳动工具、劳动方法，善于观察思考，能够运用所学知识解决实际问题，提高日常生活劳动效率。在学习和借鉴他人丰富经验和技艺的基础上，尝试新方法，探索新技术，打破僵化思维方式，推陈出新，以便将来更好地适应社会需要。

● 第二节　生产劳动 ●

　　生产劳动即创造财富和价值的劳动。大学生的生产劳动指大学生参与的能够创造物质财富和精神财富的劳动。大学生参与生产劳动实践，可以巩固所学知识，掌握技术技能，能够在参与生产劳动的过程中切身体会劳动的艰辛和创造的魅力，认识平凡劳动的价值，领略劳动之美。大学生通过参与生产劳动实践，可以增进对劳动人民的情感，懂得珍惜他人的劳动成果，形成艰苦奋斗、勤俭节约的生活作风。大学生的生产劳动主要包括实训和实习。

案例精选

实践致青春，奋斗正当时

　　赵辉出生在一个贫困的农村家庭，正因为家庭的原因，才使他明白了奋斗的意义、读书改变命运的道理。进入大学以来，他从未放弃努力，力争上游、坚持不懈、勤奋上进是他的标志。

　　赵辉在校期间积极参与实训，把所学的理论知识运用到专业技能中，通过专业技能训练加强理论知识的理解。经过一年多的实训锻炼，赵辉在2021年4月获得新疆工程学院第二届"新工杯"金工技能大赛一等奖和金工技能大赛理论比赛二等奖，在专业技能和理论知识学习上都有了不错的成绩，实现了理论和技能双向促进，取得了较好的实训效果。2021年6月，赵辉参加工业机器人集成应用职业技能等级水平考核，取得了工业机器人集成应用职业技能等级证书（中级），实训能力得到了专业机构的肯定。

　　过硬的实践动手能力和良好的理论知识基础，打开了赵辉青春奋斗的大门。在实习期间，赵辉通过具体的实习工作发现在新疆天山以南地区拥有我国最长的防渗渠道，但在较长时期内都存在着不同程度的水资源浪费，渠道堵塞就是其中原因之一。在自治区装备库专家导师黄勇教授的指导下，赵辉和团队同学共同发明防渗渠清淤机器人，并取得"防渗渠清淤机器人"实用新型专利。赵辉又先后取得了"家用垃圾智能分类桶"

实用新型专利、"鱼鳞震雪器"实用新型专利。

　　大学生作为党和国家事业的建设者和接班人，唯有坚定理想信念、练就过硬本领，才能在实干笃行中实现个人成长进步。坚定信心和决心，走好"实干路"，笃行致远。大学生要把握好人生的拔节孕穗期，以"抓铁有痕、踏石留印"的实干姿态，心无旁骛、苦干实干，做新时代新征程上的青春"赶路人"。

（资料来源：编者根据相关资料整理）

一、实训

　　实训是职业技能实际训练的简称，指学校按照人才培养方案，对学生进行的职业技能提升训练。大学生实训，即把企业等用人单位的实际生产过程模式转化为教育教学的模式。大学生实训是根据企业对人才的真实需求设计课程，通过企业真实项目，按照企业的标准，培养具有较好行业知识和较高职业素养的技术技能型人才。

（一）端正实训态度

　　大学生可以通过实训提升自己的职业素养，增加就业机会，提升就业的满意度。在实训过程中，大学生应当端正实训态度，珍惜实训机会，做好实训准备，不轻视、不懈怠，利用实训课程努力提升自己的生产技能，缩小与企业对人才要求的差距。

1.认识上重视

　　大学生要端正实训态度，首先要正确认识实训。实训不是简单机械的仪器操作，而是综合知识运用，是大学生从课堂知识走向企业技能的桥梁。大学生只有正确认识实训，才能做到真正的重视实训，才能为实训做好准备。

　　（1）实训前做好知识准备。大学生在实训前要做好与实训相关的理论知识准备。提前预习实训手册或查看实训报告，做到心中有数。对实训过程中涉及的已经学过却不清晰的理论知识要提前复习，对实训过程中涉及的相关知识可以提前查阅，避免出现实训已开始，还不明确实训任务，不明白实训原理等问题。

　　（2）实训前做好技能准备。大学生在实训前要做好与实训相关的技能准备。职业技能不是独立存在的，而是循序渐进的，所以为保证实训的顺利进行，大学生在开始新的技能实训前，应当掌握已经学习过的与之相关的实训技能。实训前做好技能准备有利于实训技能的连贯性，从而帮助大学生认识到每一次实训的重要性，避免出现在实训过程中机械记忆操作流程的现象。

　　只有这样，才能在实训过程中不断巩固所学知识并提升解决问题的能力。所以，大学生要在情感上重视实训课程，摒弃轻视、怠惰的思想，积极参与到实训过程中。

2.行动上积极

大学生要端正实训态度，就要积极地参与到实训中。大学生在实训过程中要有"打破砂锅问到底"的勇气，不能得过且过，不能过于依赖其他小组成员。大学生要规范完成自己承担的实训任务，努力争取更多的实训机会和实训环节，积极参与拓展实训。

（1）规范完成基础实训。随着实训越来越接近实际的工作场景，很多时候实训任务都需要小组分工协作完成。只有小组中每一位大学生都规范完成分工任务，才能确保小组顺利完成实训任务。大学生只有完全明白属于自己部分的知识点，才能由点及面理解整个实训过程。规范完成基础实训可以帮助大学生建立良好的实训基础，也是理解整个实训过程的前提，避免出现基础实训内容一知半解，只明白自己负责的部分而对整个实训过程不甚了解的现象。

（2）积极参与拓展实训。实训越接近实际工作场景，分工也会越细致，大学生在掌握自己承担的实训内容后，应该多进行小组内角色互换，掌握更多的实训内容；抑或是能尝试更多的拓展实训，提升自己分析问题、解决问题的能力。积极参与拓展实训可以帮助大学生更好地理解实训的整个过程，帮助大学生将理论知识转化为解决实际问题的途径，从而帮助大学生认识到实训的重要性。积极参与拓展实训可以避免大学生出现只理解做什么而不理解为什么的现象。

认知上的重视只有落实到行动上，才能真正推动大学生掌握更多的职业技能，才能让更多的理论知识落到实际的职业技能中。所以，大学生要时刻树立积极参与实训的意识，不断提升自己的职业技能。

3.探索上深入

实训是帮助大学生解决从"理论"到"实际"的问题，帮助大学生成为更贴近社会所需的人才。从理论知识到真正应用，再到实际生产环节可能有很多方法，实训模拟的真实场景毕竟是有限的，同时大学生在参与的过程中所能涉及的部分也是有限的。大学生更应该积极主动探索，不能只停留在实训内容表层，要主动想办法解决实训过程中遇到的问题，在理解实训内容的基础上，主动优化拓展部分实施过程，学会举一反三。

（1）主动解决问题。大学生在参与实训的过程中会遇到教师没有讲过的问题，此时应该开动脑筋，分析出现问题的原因，寻找解决问题的方法，在征询教师的意见后尝试解决问题。在这个过程中，大学生能够以问题为导向，利用自己所学知识解决现实问题，从而实现"理论指导实践"，加强从理论知识到实际应用的转化。主动解决实训过程中遇到的问题，可以帮助大学生加深对理论知识的理解，加强学生对实训过程的了解，避免出现理论知识不能对应实际应用的现象。

（2）主动优化过程。大学生在掌握了实训的一般过程后，可以尝试优化自己实训的过程，思考自己的技术是否还有提高改进的空间，思考是否有更好的实训方法。在这个过程中，大学生能够获得更深入的职业技能，能够锻炼自己的发散思维，能够串联更多的知识。主动优化自己实训的过程，可以帮助大学生更加积极主动地参与到实训中，提升大学生的综合能力，避免出现"学而不思则罔"的现象。

实训模拟的场景是固定的，而大学生在未来的工作、生产劳动中所面临的实际情况是千变万化的，只有树立多深入、多探索的意识，才能不断提升实训的自觉性。

（二）掌握理论知识

大学生参与实训是将理论知识转化为生产技能的过程，而不是机械的技能训练。大学生在校实训既要"知其然"又要"知其所以然"，大学生在实训的过程中既要学习生产操作技能，也要明白生产的原理，理解如此操作的原因。在实训前，大学生要掌握与实训直接相关的知识，能够融会贯通与实训相近的知识，多涉猎与实训有关的知识。

1.掌握直接知识

实训内容是基于一定的理论基础设计出来的实际应用，大学生在开展实训的过程中要掌握与实训直接相关的理论知识，这样才能更好地用理论知识指导实训的进行。

（1）学好基础知识。实训是在理论知识的指导下设计和进行的，学好与实训直接相关的理论知识是做好实训的第一步。理论知识的学习不是一蹴而就的，事实上一个实训项目一般由多个理论知识支撑，大学生平时要注意对基础知识的学习和积累，为实训做好准备，避免出现"临时抱佛脚"，甚至会出现不理解实训原理的现象。

（2）做好查漏补缺。实训项目通常是一个综合的知识体系，涉及的理论知识比较广泛，大学生在学习的时候难免出现遗漏或遗忘的现象，这就要求大学生在实训开始前要仔细阅读实训报告，做好知识的查漏补缺，及时复习与实训相关的理论知识，避免在实训的过程中出现不理解的知识点。

大学生只有掌握好与实训直接相关的理论知识，才能更好地完成实训内容。理论知识的学习是长期的过程，大学生要注意平时的积累，在运用时做好查漏补缺。

2.融合相近知识

一个实训项目是建立在多个点的理论知识上的，大学生应该将所学的知识串联起来，全面地分析和理解实训内容，达到融会贯通。

（1）相近课程。大学生所学的知识不是独立存在的，而是相互关联的。大学生要有广阔的视角，只有将相近的课程知识串联成知识体系，才能更好地理解实训的设计、实施过程，更好地完成实训。融合相近课程的知识，可以帮助大学生全面认识实训的实施过程，避免出现大学生在实训过程中"钻牛角尖"的现象。

（2）递进课程。大学生所学的知识是不断递进的。大学生要用发展的眼光理解理论知识的不断递进，将所学课程知识融合成为知识体系，在实训过程中不断优化自己的操作过程，改进方法或操作技巧，不断提升自我职业素养。融合递进课程的知识，可以帮助大学生更加深入地学习，避免出现大学生割裂地看待不同实训项目的现象。

大学生在实训的过程中不断融合相近知识，形成较为完善的知识体系，从理论知识的层面更好地理解实训的理论依据及实施过程，进而更好地完成实训任务。

3.涉猎有关知识

实训是模拟真实工作的过程，大学生应该多涉猎与实训项目有关的知识，这样才能全面地看待实训项目。大学生可以通过阅读学术期刊和行业最新动态了解与实训相关的知识。

（1）阅读相关学术期刊。知识和技术是不断更新的，大学生可以主动阅读与实训内容相关的学术期刊，了解最新的研究成果，了解相关领域的前沿知识和边缘学科。阅读相关学术期刊，不但可以帮助大学生涉猎最新的知识，还可以培养大学生检索信息的能力。大学生在阅读相关学术期刊时，要注意对比主流和非主流的观点、前沿知识的实际应用价值，避免出现以偏概全的现象。

（2）关注行业最新动态。大学生要主动关注行业动态，了解行业动向和最新技术。将新技术、新方法与实训内容对比，理解其升级改进的原理，不断完善自己的实施过程。涉猎与实训内容有关的知识，可以帮助大学生了解更多涉及生产实际的知识，让实训更加贴近生产。

（三）明确实施过程

在开始实训前，大学生应当明确实训的实施过程。理解实施过程不只是顺利开展实训的必要条件，同时也是安全进行实训的必要条件。只有理解了实训过程才能做到有的放矢，才能更好地开展实训。

1.明确实训方案设计

在开始实训前，大学生要明确实训方案，认真阅读实训报告，从实训报告中找出实训的任务目标，理解实施分组情况，为实训做好准备。

（1）认真阅读实训报告。实训报告包含了实训的基本内容，大学生可以从中了解实训的内容、设施设备、所用工具、原理及实训的目标。认真阅读实训报告，可以帮助大学生更系统地理解实训内容，了解实训的过程。

（2）理解实施分组情况。大学生可以通过教师的讲解理解实训的分组实施情况，结合实训报告，明确自己在实训中的角色。理解实施分组情况，可以帮助大学生更加细致地理解实训实施过程中的细节，有助于更好地完成实训。

2.理解实训演示

为保证实训安全、顺利地进行，部分实训在开始前，教师会进行实训演示。大学生可以通过教师的操作演示了解实训开展的具体方法，通过观看演示可以解决实训实施过程中的重点和难点。

（1）注意观察。在教师演示的过程中大学生要注意观察实训的细节，通过观看演示解决之前阅读实训报告时留存的疑问。如有不明白要及时提出，以免自己开展实训时造成安全事故或设备损坏。

（2）重点环节做好记录。在观看实训演示的时候，对于重点的步骤和方法要做好记录，以免遗忘或记错。做好记录的同时也可以帮助大学生加深对重点的理解，进而更深刻地理解实训内容。

明确实训项目的实施过程，有助于大学生系统地了解实训的内容，理解实训实施的细节，从而帮助大学生更好地完成实训任务。

（四）积极实践训练

实训开始前准备好所需工具，实训过程中积极训练，主动思考遇到的问题，获得正确的实训结果。

1.做足实训准备

在实训开始前，要认真填写实训报告，明确实训的任务。准备好实训所需的物品，以确保实训正常开展。

2.掌握操作方法

在实训的过程中要积极参与，主动思考实训中出现的问题；问题解决后要做好总结，学会举一反三。如果在实训的过程中能够很好地完成基础部分，还可以积极主动地探索更深入的实训内容，不断优化自己的实训过程。

3.获得正确结果

在取得实训结果后，要对照实训设计的过程和预设的目标，判断是否得到了正确的结果。如果结果不正确，要主动寻找原因，不断调整，最终取得正确的结果，完成实训；如果结果正确，要做好记录，进行数据分析。

大学生只有积极参与到实训中，才能体会到所学内容和实际职业技能之间的关系，从而不断提升自己的职业能力。

（五）注意事项

大学生在实训的过程中要注意安全，养成良好的职业素养，要注意节约实训材料。在实训内容结束后应将仪器设备、工具等物品整理好放回原处，并将设备台面、实训地面清洁干净，方可离场。

1.安全

大学生在实训的过程中要注意着装，衣服上下摆和袖口按要求扎好，需要穿工装的必须穿工装，女生需要束发的必须束发。大学生在实训的过程中要注意安全用电、确保消防通道畅通、佩戴安全帽、遵守搬用物品的要点，养成安全生产习惯。

2.节约

大学生在实训的过程中要注意节约实训材料，减少材料的浪费。

3. 整理

大学生在实训结束后要及时整理实训设备，所有设备需摆放整齐，公共用品需摆放在原来的位置，将实训场所各项设备恢复到初始状态。

4. 清扫

大学生在整理完实训设备后要清扫实训场地。实训设备要按要求擦拭，实训场所的桌面和地面要保持干净。

二、实习

实习指在校大学生进入政府机关、企事业单位和社会团体等用人单位进行专业技能培养的实践性教育教学活动，包括教学实习、专业实习和岗位实习等形式。实习能够为学生提供真实的工作环境，让学生将理论知识运用到实际工作中并加以检验，同时获得实践知识和技能，锻炼和提升工作能力。通过实习，大学生可以培养实践能力、创新精神和社会责任感。

（一）正确对待实习

实习是专业教学的重要组成部分，是大学生了解社会、接触生产实际、掌握生产现场相关知识的重要途径。大学生只有正确对待实习才能取得一定的实习效果，才能提升自己的职业素养和综合能力。

1. 正确理解实习目的

大学生通过参加实习，可以面对真实的岗位、面对各种复杂问题，能够体会到未来工作岗位对自身能力的要求，从而提升工作适应能力，在参加工作后尽快实现角色的转变。参加实习，一方面是为了提升专业素质和职业素养。大学生通过实习实训活动将课堂上学习的专业理论知识运用到实习实践中，提升自身专业素质的同时熟悉职业生活，提前演练职业身份，培养职业素养，为就业做准备。另一方面是为了提升就业质量。随着就业压力的增加，学校将实习与就业联系起来，大学生也可以通过实习了解行业现状和用人单位情况，在充分了解的前提下做好双向选择，从而提升就业质量。大学生参加实习，既可以增长知识、培养才干，又可以提高职业技能与职业素养，有利于毕业后快速适应相关工作。

2. 明确实习身份

实习属于专业教学的一部分，是课堂理论教学的延伸与巩固，更是大学生毕业前必须完成的学习任务。实习是由实习单位导师和学校导师共同指导学生完成实习任务，并给出评价意见。在实习过程中，大学生为实习单位提供一定的劳动，这是进行实习教学的一种必要手段；在实习过程中，大学生的主要任务仍然是学习，与学校依旧是教育与被教育的关系；在实习的过程中，大学生的身份并未发生变化，与单位之间不存在从属关系，而是教育管理关系。所以，在校大学生实习期间与实习单位并没有形成劳动关系，大学生的法律身份不属于劳动者。

3.了解实习管理机制

大学生实习期间是由学校和实习单位共同管理的。大学生进入实习单位后，一般按照实习单位的管理模式，由企业导师和学校指导教师共同进行管理和考核。实习单位会按照新员工入职要求进行培训，安排人事部门、生产部门、研发部门等部门的员工参与，对学生进行安全、理论和操作等方面的培训，对每个过程进行能力测评和考核，使学生逐步实现独立完成工作。

实习是校内与校外评价相结合。实习的评价标准是以培养学生的实践能力为核心，以提升学生的综合发展为目的。校内评价主要包括指导教师对实习质量和学生成长的评价，以及学生的自我评价和同一实习小组间的互相评价；校外评价主要包括实习单位导师对学生职业技能和职业素养的评价。采用校内外两级评价相结合的方式能够全方位、多角度地评价实习质量，促进大学生在实习过程中的良性竞争和健康发展。

教育部关于加强和规范普通本科高校实习管理工作的意见

（二）了解行业现状

大学生从实习开始，要做好从"象牙塔"向社会过渡的准备。大学生从校园进入实习单位，要了解所学专业的行业现状，一方面巩固和检验所学知识，另一方面为将来就业做好准备。可以先从实习单位的基本情况入手，了解所在实习单位的运行情况，再逐步了解整个行业的运作模式。

1.了解实习单位基本情况

大学生在开始实习后要了解实习单位的基本情况，主要包括"是什么"和"做什么"两个方面。"是什么"主要是指大学生进入实习单位后，要知道实习最基础的信息，如实习单位的注册名称、地址，成立的时间，单位的性质等。了解基础信息可以帮助大学生更快地进入实习单位的角色。"做什么"主要是指大学生了解实习单位基本的生产经营信息，主要包括主营项目有哪些、社会的主要职责是什么。了解实习单位基本的生产经营信息可以帮助大学生建立初步的行业概念。

2.了解实习单位运行情况

大学生参加实习的单位能一直维持运营状态一定有其本身的优势，当然每一个单位也都有自己的弊端。大学生需了解以下重点：第一，要了解实习单位的发展情况，即实习单位在整个行业中所处的水平；第二，要了解实习单位的核心竞争力，即支持实习单位生存发展的最主要因素是什么，这个核心竞争力在整个行业内是一个什么样的水平；第三，实习单位的发展情况，即一个单位整体的发展氛围是怎样的。大学生通过了解企业的运行情况可以"管中窥豹"，初步了解这个行业的整体情况，同时也可以对比实习单位的发展，判断其跟自己的职业预期是否一致，做好职业规划和就业的双向选择。

3.了解行业的运作模式

每一个行业都有自己独特的运作模式，大学生所在的实习单位必然符合该行业运作模式的一般规律，所以在实习过程中，大学生可以通过实习单位了解本行业的一般运作模式，通过在实习单位参与实际工作探知这个行业的独有运行方式。了解行业运作模式，即了解该行业在相关的产业链中的位置与作用等情况。大学生未来就业的行业所在产业链中的位置与作用，这是一个行业存在的价值所在，也是指明该行业未来发展前景的航标。大学生可以通过在实习期间了解所在行业的一般运作模式，为将来步入社会以及自己的职业生涯规划做好准备。

劳动词典

产业链

产业链是产业经济学中的一个概念，即产供销，从原料到消费者手中的整个产业链条，是各个部门之间基于一定的技术经济关联，并依据特定的逻辑关系和时空布局关系客观形成的链条式关联关系形态。

产业链包含价值链、企业链、供需链和空间链等四个维度，它们在相互对接的过程中实现均衡，最终形成了产业链，这种"对接机制"是一种客观的规律，调控产业链的形成过程。产业链的本质是用于描述一个产业中具有某种内在联系的企业群之间的结构关系，它具有结构属性和价值属性的二维性，即产业链中存在着大量的上下游关系和相互价值的交换，下游环节需要上游环节输送的产品或服务，上游环节需要下游环节反馈的信息。

（三）熟悉岗位职责

随着实习不断深入，大学生要逐渐熟悉所在岗位的职责，只有根据所在岗位职责，不断提升自己，缩短与真正员工之间的差距，才能更好地为日后的工作做好理论知识和专业技能的准备。

1.岗位所需的理论知识

大学生实习要融入实习单位生产经营中，需要真正参与到实际的工作中。任何具有专业性的工作都是通过理论知识指导的，所以大学生熟悉岗位职责的第一步是巩固岗位所需的专业知识，以便更好地开展实习工作。大学生可以通过岗位培训、岗位见习等方式巩固理论知识，也可以在实习的过程中不断加强对理论知识的理解；实习单位一般也会通过考核来督促大学生掌握最基本的理论知识。

2.岗位必备的专业技能

大学生在实习单位要提供一定的劳动力，这要求大学生必须具备一定的专业技能。在实习过程中，大学生可以通过以下三种方式提升自己的专业技能：一是实习单位组织的技能培训，二是跟随企业导师学习，三是自己在岗位上不断练习。大学生可以通过实习单位的一般性技术培训解决实习岗位所需的基本技能，达到上岗实践的基本要求。但是在实习的过程中还会遇到很多具体的问题，这时候就要主动向企业导师虚心请教，以掌握岗位要求在实践过程中的执行技巧。俗话说，"师傅领进门，修行靠个人"。企业导师传授的就是"方法"，大学生要将"方法"转变为自己的技能还需要大量的实践训练，大学生要沉下心不断练习，最终让自己的专业技能有较大的提升。专业技能的学习是大学生实习的关键环节，是提升大学生实践能力的重要手段。所以，大学生在实习的过程中不能有畏难情绪，要不怕辛苦、不惧烦琐，积极主动参与到专业技能的学习中。

3.岗位要求的职业能力

实习是大学生学习的一种形式。由于实习一般都离开校园，离开了大学生熟悉的环境，大学生在实习的过程中能学习更多的新知识，接触到更多的人，处理复杂多变的事情，所以实习是大学生提升自己职业能力的契机。大学生在实习的过程中会发现，学校所学的专业知识或技能在实际生产过程中已经不是"最优解"，所以从实习开始就要树立终身学习的观念。学习并不会随毕业而结束，在技术不断更新的今天，大学生只有不断学习，才能一直在岗位上具备良好的专业技术技能，不被时代所淘汰。大学生在实习单位还是学生身份，一般实习单位的工作人员都会对大学生有一定的包容度，会给参加实习的大学生一定的成长空间，所以在实习期间，大学生要仔细观察，主动思考，不断提升自己的职业素养。大学生可以通过实习树立职业规划的意识，在实习的过程中可以了解到所在岗位的晋升空间，所在行业的发展潜力，考虑自己未来的就业需求，以及就业后发展的规划等。通过职业规划不断提升自己的职业生涯管理能力。

劳动词典

职业能力

职业能力是人们从事职业的多种能力的综合。职业能力可以定义为个体将所学的知识、技能和态度在特定的职业活动或情境中进行类化、迁移与整合所形成的，能完成一定职业任务的能力。职业能力主要包含三方面基本要素：一是为了胜任一种具体职业而必须要具备的能力，表现为任职资格；二是在步入职场之后表现出的职业素质；三是开始职业生涯之后具备的职业生涯管理能力。例如，一位教师只具备专业知识是不够的，还需要良好的口语表达能力，对教学的组织和管理能力，对教材的理解和使用能力，对教学问题和教学效果的分析、判断能力等。如果说职业兴趣或许能决定一个人的择业方向，以及在该方面所乐于付出努力的程度，那么职业能力则能说明一个人在既定的职业方面是否能够胜任，也能说明一个人在该职业中取得成功的可能性。

熟悉岗位职责是大学生进入实习状态的关键步骤。大学生在实习的过程中按照正式员工的岗位职责要求自己，可以快速提升专业能力和职业能力，帮助自己顺利完成实习，做好职业规划。

（四）提高专业素养

实习是大学教育的环节之一，大学生实习最终要回归到对专业素养的提升上。大学生的专业素养不仅包括扎实的理论知识及较强的实践能力，还应当包括融通理论和实践的能力，专业和职业相互促进的能力。

1.理论知识和实践能力融会贯通

理论知识和实践能力只有相互促进，才能使得专业能力不断提升。"理论指导实践，实践反作用于理论。"大学生所学的理论知识不能只停留在书本的层面，要为实践提供指导，为实践提供理论依据，这样理论知识才能"活起来"。同样，大学生在实习中的实践也不能只停留在执行层面，要为理论知识的提升提供正向反馈和验证，这样实践才能"动起来"。因此，大学生在学习的过程中要多动手"做什么"，在理论中感知实践的意义，在实习的过程中要多思考"为什么"，在实践中寻找理论依据。大学生只有将理论知识和实践能力融会贯通，才能更好地提升专业能力、提升专业素养。

2.专业能力和职业能力共同提高

专业能力转化为职业能力才能创造更多的价值。专业能力和职业能力是相辅相成的，职业能力的提升不仅要依赖于专业能力的提升，还可促进专业能力的提升。专业技能和专业资质是职业能力中的重要组成部分，它们都源于专业能力。大学生在实习过程中要想提升职业能力先要从专业能力入手。同时，随着职业能力的提升，可以打破职业的距离感。大学生越来越熟悉岗位和所在行业，可以促进其不断学习专业知识，提升专业能力。因此，大学生在实习过程中要注意专业能力和职业能力共同提高，促进自己职业生涯健康发展。

提升专业素养可以使大学生自身能力不断向好的方面发展，在实习期间学会提升专业素养的方法，不但可以较好地完成实习，还能促进未来职业发展能力。

（五）注意事项

大学生在实习过程中一定要注意安全，主要包括交通安全、财务安全及人身安全等。

实习期间的交通安全主要是指在往返住所与实习单位的途中，在往返实习单位各办事地点的途中，离开实习单位办公地点完成实习任务的途中等所涉及的交通安全。

实习期间的财务安全主要包含两个方面：一是注意实习宿舍内财务安全，二是注意预防网络、电信诈骗。大学生参与实习后，大部分的实习单位会提供一定的实习补助，这时候大学生的生活费增多，就要特别注意财务安全。

实习中的人身安全主要是指在实习岗位上要按照实习单位安全须知，做到安全生产。

大学生在实习的后期，一般都能够独立地完成具体工作，在没有企业导师指导的情况下要特别注意安全，严格执行企业的安全规程，切记不可私自简化操作流程，无视安全规程。

　　当大学生在实习期间受到人身伤害时，如果学校、学生与实习单位之间签有实习协议，而且协议中对学生实习期间的人身伤害赔偿问题有明确的约定，那么可直接按照协议处理；如果双方没有签订实习协议，或虽签有实习协议但仍无法解决学生实习期间的人身伤害赔偿问题，则可按照《民法典》《合同法》《侵权责任法》等有关规定进行处理。在大学生实习过程中，如果不具备劳动关系，对学校、实习单位、学生一般采用过错责任的归责原则。如果学校未能尽到教育管理义务，则由学校承担责任；如果实习单位未能尽到安全教育管理义务，则由实习单位承担责任；如果大学生为过失方，也应承担相应的责任。

职业学校学生
实习管理规定

● 第三节　服务性劳动 ●

　　服务性劳动指直接服务社会的不计报酬的义务劳动，具有明显的公益性和利他性特点。大学生服务性劳动指大学生利用知识、技能等为他人或社会提供的公益性质的劳动。大学生服务性劳动是社会服务的范畴，在劳动内容上既有生活福利性服务、生产性服务，也有社会性服务。大学生在参与社会服务的过程中，既能提高适应社会和服务社会的能力，又能深化专业知识和技能，促进个人全面发展。大学生参与服务性劳动的形式主要有志愿服务以及"三下乡""三支一扶"等社会实践活动。

一、志愿服务

　　志愿服务指社会志愿组织或个人在无偿服务的前提下，通过自愿或社会志愿团体的组织，积极投身社会公益事业，充分发挥自身的体力、知识、技能、财富等优势，促进社会公益事业的发展，同时提升自身的思想道德水平。随着志愿服务不断深入和发展，大学生志愿者已经成为志愿者组织的重要组成部分。大学生志愿服务主要指在校大学生能够自愿参加学校志愿组织或社会志愿组织，用自己所掌握的专业知识与技能，无偿地为他人或社会提供的各种服务活动。

（一）了解志愿服务

1.大学生参与志愿服务的途径

　　大学生在校期间可以向学校的志愿组织提出申请，学校工作机构进行登记备案，在授权的志愿者注册机构注册后，方可成为一名志愿者。大学生志愿服务的主要途径包括学校统一组织、社会团体组织、学生自发组织、学生会社团等。

除了日常开展的志愿服务外，还有一些以国家政策为导向的志愿服务，如大学生志愿服务西部计划等。这类志愿服务以项目为周期，时间较长，往往需要参与者具备一定的资格条件，有特定的招募办法。

2.大学生参与志愿服务的意义

大学生在参与志愿服务的过程中，为社会和他人提供帮助的同时自身能力也得到了锻炼和提升，思想境界也得到进一步提升。大学生参加志愿服务活动的意义有以下三点。

（1）丰富精神世界。大学生参与志愿服务活动，通过帮助他人、服务社会，可以获得认同感，认识到自己的价值所在；通过志愿活动能够获得精神层面的幸福感和成就感。大学生参加志愿活动不仅使助人为乐的优秀品质内化于心，还会通过实践提升思想道德水平和文明素养，这些都可以帮助大学生构建更加丰盈的精神世界。

（2）丰富社会经验。大学生参与志愿服务活动，有机会前往不同的地方，有机会经历在学校不曾体验的劳动过程，这些都可以拓宽视野，丰富社会经验。通过志愿活动，大学生可以走出原有的圈子、走出校园，面对更加广阔的天地；通过志愿活动，大学生可以深入贫困山区，了解贫困地区人民的生活状况；通过志愿活动，大学生可以深入社区、敬老院、孤儿院、福利院，可以看到社会弱势群体的生活状况；通过志愿活动，大学生可以开阔眼界，加深对社会的认知，积累更多的社会经验。

（3）学习知识技能。随着志愿者行动的不断深化，志愿服务活动项目的专业化、知识化特点越发明显。大学生参与志愿服务活动，能够充分运用所学业务知识，并在服务中巩固知识，提高分析和解决问题的能力。同时，一些志愿活动也会对志愿者进行培训，大学生可以在志愿活动中获得专业培训，掌握实用技能。

大学生参与志愿服务是一个"双赢"的实践过程，在帮助别人、奉献社会的同时，自身也能得到提高。在服务社会、服务他人的同时，也能了解国情社情，使能力得到锻炼，自己的思想修养和道德境界得到了提升。所以，大学生应积极投身志愿服务。

（二）掌握志愿服务技能

大学生在参加志愿活动的过程中都满怀热情。对于志愿服务的热诚，对于服务对象的爱心，都是大学生参与志愿活动必不可少的。同时，大学生在参与志愿活动的过程中还应具备一定的技能，才能更好地服务社会。爱心给予我们行动的力量，能力则是做好志愿服务的保障。大学生要积极主动地提升志愿服务的能力。

1.提升沟通能力

良好的沟通能力，是顺利完成志愿服务的第一步，主要包括聆听和表达两个方面。在参与志愿服务的过程中，大学生志愿者和被服务对象要建立有效的沟通，倾听他人意见，准确地理解被服务对象的需求。大学生志愿者要准确地表达自己的意图，让被服务者清晰地接收信息。大学生志愿者之间要建立良好的沟通，加强团队合作，提高志愿服务的质量。

2.提升实践能力

较高的实践能力，可以促进志愿服务更好地开展。实践能力主要包括解决问题的能力和适应环境的能力。大学生志愿者将自己在学校所学的专业知识与社会实践相结合，解决在志愿服务过程中面对的实际困难。在面对实际的困难时，大学生要增强抗挫折能力，提升自信心，面对困难时要冷静处理。大学生志愿服务总是处在不同的社会环境中进行的，要求志愿者细心留意服务的环境，尽快明确自己在这一环境中所要承担的工作，以尽快进入志愿服务的状态。

3.提升专业能力

较好的专业能力，可以增强志愿服务的效果。对于一些专业性比较强的志愿服务工作，如法律、医疗等志愿服务，一般选择相关专业的大学生，并进行必要的岗前专业技能培训，这样大学生在开展志愿服务的过程中才能做到既有热情又有能力。在提升服务效果的同时，也提升志愿服务的社会认同感，提高大学生志愿者的积极性。

（三）积极参与志愿服务

中国的志愿服务主题和服务范围具有鲜明的时代特征，在不同的时代和环境下，志愿服务各具特色。21世纪后，以大学生为主体的志愿服务事业发展迅速，参加活动人数增多的同时，志愿者的专业化水平也逐渐提高，志愿服务活动项目不断拓展，影响力不断提升。在建设新时代中国特色社会主义的今天，志愿服务领域广泛，其中社区服务、乡村建设服务、应急救援服务、环境保护服务、大型赛会服务等，都是大学生参与较多的类型。

1.积极参加社区服务

社区服务是政府、居（村）委会及其他各方面社会力量，为满足社区成员物质生活和精神生活需求、提高社区居民生活质量所提供的各方面服务。社区服务也是当代大学生参与人数最多的志愿服务领域。大学生利用周末课余时间，以志愿方式为社区提供科教、文体、法律、卫生以及公共服务。

（1）科教服务。大学生根据自己所学专业，深入社区，为社区居民提供教育培训、科普宣传、技能讲座等活动。

（2）文体服务。大学生根据自己的专业特点或个人特长，深入社区，组织开展歌舞、曲艺、书画等丰富多彩的群众性文体活动。

（3）法律服务。法学及相关专业的大学生根据自己所学专业知识，深入社区，开展法律宣传普及工作。主要包括举办社区法制讲座、法律咨询、法律援助等活动。

（4）卫生服务。医学及相关专业的大学生根据自己所学的专业知识，深入社区，开展医疗卫生知识普及宣传、健康检查、常见病咨询，以及面向残疾人、孤寡老人和困难家庭等群体提供卫生保健服务等活动。

（5）公共服务。大学生深入社区，为社区居民及社区工作者提供力所能及的公共服务。

主要包括打扫社区卫生、美化居民生活环境，以及在突发重大事件时协助社区工作者开展的组织动员工作等。

大学生在深入社区向社区居民提供各类服务过程中，提高了居民生活质量，满足人民群众不断增长的精神文化需求，同时也弘扬了中华民族传统美德，展现新时代青年的精神面貌。

2.积极参加乡村建设服务

乡村振兴是建设社会主义现代化强国的重大战略任务，助力乡村发展也是当代大学生的时代使命。乡村建设服务主要是大学生志愿者到贫困地区开展一系列公益服务，主要包括政策宣传、文化建设服务、医疗卫生服务、教育支援等活动。志愿服务是推动乡村建设的一大助力，大学生在乡村开展内容多样的志愿服务，为乡村建设贡献着自己的一份力量。

大学生志愿服务西部计划项目介绍

3.积极参加应急救援服务

应急救援服务是针对自然灾害和突发事件等提供的志愿服务。在应急救援服务中，大学生志愿者发挥了重要的作用，是应急救援的重要力量。大学生应急救援服务主要包括医疗救护、无偿献血、群众安置、物资收发、卫生防疫、心理抚慰、社区重建等。

4.积极参加环境保护服务

环境保护和生态建设是志愿服务的重要领域。环境保护服务主要包括清除垃圾、环境美化、植树造林、整治水污染等。大学生通过参与环保志愿服务，传播环保意识，保护生态环境，促进人与自然和谐发展。

5.积极参加大型赛会服务

随着中国经济社会的发展，越来越多的重大国际赛会活动在国内举办。组织志愿者服务大型赛会活动已蔚然成风，越来越多的大学生志愿者活跃在文化体育赛事、大型庆典、会议论坛、博览会志愿服务的第一线。2022年北京冬奥会和冬残奥会录用的18000多名大学生志愿者，成为其重要的服务保障力量。大学生的赛会活动志愿服务主要包括：礼宾接待、语言翻译、观众指引、物品分发、沟通联络、秩序维护、医疗卫生支持等。大学生志愿者参与赛会志愿服务，向世人展示了中国年轻一代的风采和现代化进程中崭新的道德力量，影响深远。

（四）注意事项

（1）志愿服务组织安排志愿者参与可能发生人身危险的志愿服务活动前，应当为志愿者购买相应的人身意外伤害保险。

（2）志愿服务组织、志愿服务对象应当尊重志愿者的人格尊严，未经志愿者本人同意，不得公开或者泄露其有关信息。

（3）开展专业志愿服务活动，应当执行国家或者行业组织制定的标准和规程。法律、行政法规对开展志愿服务活动有职业资格要求的，志愿者应当依法取得相应的资格。

二、社会实践

社会实践指人类能动地改造自然和改造社会的全部活动。大学生社会实践是指大学生利用课余时间，开展接触社会、了解社会、服务社会的实践活动，以锻炼个人能力、提升自身综合素质，对社会作出贡献的活动。

大学生在参与社会实践的过程中能改造主观世界，促进自身全面发展。社会实践是大学生尽快适应社会的有效方法。大学生通过社会实践可以接触社会、承担一定的社会责任。大学生在校期间参加的服务性社会实践活动主要有"三下乡""三支一扶"等。

（一）"三下乡"

"三下乡"指文化、科技、卫生下乡活动，让有关文化、科技、卫生方面的知识在农村普及，促进农村文化、科技、卫生的发展。20世纪80年代初，中国共青团团中央首次号召全国大学生在暑期开展"三下乡"社会实践活动。1996年12月，中央宣传部、国家科委、农业部、文化部等十部委联合下发《关于开展文化科技卫生"三下乡"活动的通知》。1997年，"三下乡"活动在全国正式开展。"三下乡"活动内容丰富、形式灵活、易于开展。大学生可以结合所学专业，根据当地实际情况和需求开展活动，在为基层群众做好事、办实事、解难事的同时，也能够通过活动本身受到深刻教育和启发，使人格得到升华。

1.科技下乡

大学生科技下乡活动主要从科普宣传和技术推广两个方面开展。科普宣传主要是指大学生运用所学知识广泛宣传科学常识、环保知识、法律常识等。技术推广主要是指农学及相关专业大学生结合专业所学，为提高农作物产量、质量或预防及治疗病虫害进行技术推广。

2.文化下乡

大学生开展文化下乡活动主要从支教帮扶、图书下乡、文艺下乡及法律下乡四个方面开展。支教帮扶主要指大学生前往教育资源贫乏地区的中小学支教，也包括面向村民开展的知识教育。图书下乡指的是大学生向乡村捐献适合农民阅读的文化娱乐或农业技术图书。文艺下乡指的是艺术相关专业或有文艺特长的大学生组织开展农民群众喜闻乐见的文化艺术活动。法律下乡指的是大学生以《中华人民共和国宪法》《中华人民共和国民法典》《中华人民共和国森林法》《中华人民共和国土地管理法》《中华人民共和国义务教育法》等与农民生产生活相关的法律为主要内容，向农民宣传普及法律知识。

3.卫生下乡

大学生开展卫生下乡活动主要指医学及相关专业的大学生组织开展下乡义诊、卫生常识宣传普及、乡村卫生组织扶持等实践活动。

4. "三下乡"安全须知

（1）增强安全保护意识。活动期间尽量远离危险设施或避开危险地段，如果需要接触时，必须有专业人员陪同，并做好安全防范措施。加强大学生的交通安全意识。尽量避免到人群拥挤的地方，防止踩踏事故发生。活动过程中保持警惕心理，保管好个人贵重财物。减少单独活动和夜间活动，尽量采取小组活动的形式，活动行程应及时向团队报告，不单独到陌生或者荒僻的地方。

（2）增强治安安全意识。在公共场合注意自身言行举止得体，尽量避免与人发生争执，采取理智的态度处理突发事件。如与社会人员发生争吵甚至斗殴，现场同学应及时制止，防止事态恶化，如不听劝阻，应迅速联系公安部门共同处理。

（二）"三支一扶"

"三支一扶"是毕业生基层落实政策，指大学生在毕业后到农村基层从事支农、支教、支医和帮扶乡村振兴。2021年5月28日，中央组织部、人力资源和社会保障部、教育部、财政部、水利部、农业农村部、国家卫生健康委、国家乡村振兴局、国家林草局、共青团中央决定，实施第四轮（2021—2025年）高校毕业生"三支一扶"计划。2021年选派3.8万名高校毕业生到基层从事"三支一扶"服务。

1. "三支一扶"的主要工作内容

（1）"支农"指大学生到乡镇参与涉农工作。比如，农村科普宣传，采用远程授课或者现场授课方式为当地群众传授农业知识，印发农业生产知识手册等。同时，支农也包含水利工作、农村文化建设、农业技术推广等工作。

（2）"支教"指支援乡镇基层的教育事业，主要从事九年义务教育学段各学科的教学工作。比如，在基层幼儿园、小学、初中从事教学工作。

（3）"支医"指支援乡镇基层的医疗卫生事业，主要从事临床诊疗、中医诊断、医疗救护、医学检验等工作。比如，在乡镇开展健康查体和宣传活动、对于本辖区慢性病的管理、参与诊疗工作等。

（4）"帮扶乡村振兴工作"指支援乡村振兴工作，主要致力于巩固拓展脱贫成果等相关工作。比如，驻村帮扶、调查村民情况、给予对口扶助等工作。

2. "三支一扶"的组织招募

"三支一扶"采取公开招募、自愿报名、组织选拔、统一派遣的方式，自2006年起连续5年，每年招募2万名左右高校毕业生，到乡镇从事相关工作。"三支一扶"一般每年5月底前下达招募计划，采取考核或考试的方式进行公开招募；每年7月底前，参与"三支一扶"的大学生到服务单位报到。"三支一扶"的工作时间一般为2年，工作期间给予一定的生活补贴。工作期满后自主择业，择业期间享受一定的政策优惠。

3.“三支一扶”的优惠政策

“三支一扶”大学生服务期满后，进入市场自主择业。各地及有关部门要高度重视和做好服务期满的“三支一扶”大学生就业工作，采取多种形式，开辟多种渠道，积极为其就业创造条件。

（1）原服务单位有职位空缺或有相对应的自然减员需补充人员时，可聘用服务期满考核合格的“三支一扶”大学生。相关事业单位公开招聘工作人员，应拿出不低于40%的比例，聘用具有2年以上基层工作经验的高校毕业生，在同等条件下要优先聘用“三支一扶”大学生。

（2）对于准备自主创业人员，可享受行政事业性收费减免、小额贷款担保和贴息等有关政策。

（3）服务期满且考核合格的“三支一扶”毕业生可以享受一定的政策加分或同等条件优先录用。

（4）到西部地区和艰苦边远地区服务2年以上，服务期满后3年内报考硕士研究生的“三支一扶”大学生，同等条件下优先录取。

（5）服务期满考核合格的“三支一扶”大学生，根据本人意愿可以回到原籍或到其他地区工作，凡落实了接收单位的，接收单位所在地区应准予落户。

（6）进入国有企事业单位时，由接收单位按照所任职务比照同等条件人员确定其职务工资标准，其服务期限计算为工龄，在今后晋升中高级职称时，同等条件下优先评定等。

4.注意事项

（1）按照省（自治区、直辖市）“三支一扶”办公室统一要求，为“三支一扶”大学生办理人身意外伤害保险和住院医疗保险。

（2）在艰苦边远地区服务的，享受艰苦边远地区津贴补贴。

（3）“三支一扶”大学生按规定参加基本养老、基本医疗、工伤保险。

（4）县“三支一扶”办公室负责“三支一扶”大学生年度考核和服务期满考核工作；服务单位负责平时考核。年度考核、服务期满考核材料存入本人档案，并将考核结果报省、市“三支一扶”办公室备案。服务期满考核合格的，经省级“三支一扶”办公室审核，颁发由人事部统一印制的《高校毕业生到农村基层服务证书》，作为享受相关就业政策的依据。

（5）“三支一扶”大学生应按规定完成服务工作，服务期间由于身体状况等特殊原因不能继续服务的，须经省级“三支一扶”办公室批准，并履行有关手续。

参与服务性劳动，可以帮助大学生在成长的过程中改造主观世界，促进自身全面健康发展。大学生要积极投身到服务性劳动中，承担起社会责任，在劳动中适应社会，在劳动中走向社会。

课后思考

1. 垃圾分类的意义是什么？如何将垃圾分类的规则应用到校园中？

2. 服务性劳动是什么？如何将垃圾分类的规则应用到校园中？

实践活动

具体内容见《新时代大学生劳动教育》实践手册的"实践任务十""实践任务十一"。

第六章

走向未来的劳动

本章导读

人民创造历史，劳动开创未来。劳动形态经历了历史的演变，在数字化转型背景下，逐步走向未来新的劳动形态。本章从未来劳动和创造性劳动两个方面展开深刻阐述，旨在引导大学生看到未来劳动的发展趋势，认识到未来新的劳动形态对劳动者的影响及要求。深刻理解创造性劳动内涵及特征，激励大学生自觉在实践中提升创造性劳动能力，在走向未来新的劳动形态中发掘自身力量，实现人生价值。

知识导图

学习目标

★**知识目标：**了解数字化转型、创造性劳动概念，认识数字新技术、未来新的劳动形态，理解创造性劳动特征。

★**能力目标：**掌握新的劳动形态所需的必备技能，具备未来职业岗位的适应和驾驭能力，促使大学生成为一名与时俱进的优秀未来劳动者。

★**素质目标：**在数字化转型背景下认识未来新的劳动形态对未来劳动者的要求，激励大学生自觉在实践中提高数字素养、储备学科知识、提升创新精神品质。

案例导入

数字点亮生活　科技改变未来

数字技术已经成为当今世界经济社会发展的重要驱动力，在数字技术产业全面深化和变革创新的新阶段，泛在、融合、智能和绿色发展趋势凸显，新产品、新服务、新业态大量涌现，对于促进社会就业、拉动经济增长、调整产业结构、转变发展方式和维护国家安全具有十分重要的作用。

在中国经济步入新常态背景下，数字技术加速创新和深化应用为经济社会转型升级提供了巨大的内生动力。爆发式增长的信息消费、加快发展的新兴产业、面临转型升级的传统产业提供了充足的市场机遇，新技术、新产品、新业态、新商业模式产生了众多的投资机遇。随着数字技术加速深度融合和集成优化，电子信息产业发展模式正在发生重大变革，新的产业生态体系正在孕育形成。从"智能工厂"到"智能生产"，从数字娱乐到智慧家庭，从数字医疗到数字教育，从智能手机到智能家居，从智慧交通到智慧城市，我们已经步入智能新时代，各种数字化技术的创新和应用（图6-1），深刻改变着这个时代的产业和生活。

图6-1　某科技展俯拍图

（资料来源：编者根据相关资料整理）

> **思考：**
> 1. 数字技术对未来的生产生活有何影响？
> 2. 在数字化转型背景下，未来劳动者需要具备哪些劳动技能？

党的二十大报告指出："坚持把发展经济的着力点放在实体经济上，推进新型工业化，加快建设制造强国、质量强国、航天强国、交通强国、网络强国、数字中国。"在数字化转型背景下催生了新的劳动形态，未来劳动和创造性劳动是数字技术发展的催生物。以数字化转型视角来展望未来的劳动形态，既为社会发展带来了机遇，同时也对未来劳动者提出新要求。作为未来劳动者的大学生应顺势而为，具备与时俱进的劳动品质。在数字化转型背景下，大学生面对新的劳动形态带来的挑战，自觉主动地在实习实训、科研实践、创新创业等实践活动中提升创造性劳动能力，在未来劳动中发挥自身作用和实现人生价值具有十分重要的意义。

● 第一节　未来劳动 ●

党的二十大报告中指出："推动战略性新兴产业融合集群发展，构建新一代信息技术、人工智能、生物技术、新能源、新材料、高端装备、绿色环保等一批新的增长引擎。"目前大数据、物联网、人工智能、云计算、区块链等数字技术的迅速发展，正在深刻改变着人们的生产生活方式和行为模式。在数字化转型视角下，探索未来劳动发展趋势，正确把握劳动形态发展新动向，进而为我国经济发展注入新动能。人工智能的发展，带来新旧职业的迭代更新。面对未来劳动形态的变化趋势，未来劳动者应与时俱进，不断提升必备素养，迎接人工智能发展的新时代。

一、数字化转型与未来劳动

党的二十大报告指出："加快发展数字经济，促进数字经济和实体经济深度融合，打造具有国际竞争力的数字产业集群。"数字经济已成为社会经济发展的新动力，数字化转型已成为经济发展的新途径。以数字化转型为驱动，催生未来新的劳动形态。在新的劳动形态下，劳动技术含量提高，对未来劳动者的要求也有所提高。未来劳动对未来劳动者提出新的挑战，未来劳动者应顺应时代所需，加强自身数字素养提升，具备创新精神，积累交叉融合的学科知识，更好地为人们提供更智能的服务，推动经济的高质量发展。

（一）数字化转型

数字化转型成为当前时代最为主流的趋势之一，数字技术发展突飞猛进，实现数字化转型催生新产业新业态新模式，壮大经济发展新引擎。加快数字化转型将加速推进新技术创新、新产业培育、新模式扩散和新业态发展，助力经济高质量发展。

1. 数字化转型的概念

尼葛洛庞帝在《数字化生存》中说："数字化已经成为新时代构造、运行和发展的重要动力和根本特征，'数字化生存'成为数字时代个体和社会生存方式、发展模式的典型概括和表达。"❶随着新一代信息技术的蓬勃发展，经济全球化与互联网技术的推进，数字技术的地位和作用日益凸显。

第四次工业革命是一场深刻而系统的变革，其根本特征在于数字化，数字化意味着自动化和智能化。"数字化"一词很难用固定不变的概念定义，最初数字化的基本过程就是将许多复杂多变的信息转变为可以度量的数字、数据，再以这些数字、数据建立起适当的数字化模型，把它们转变为一系列二进制代码，引入计算机内部，进行统一处理。随着数字技术的发展，数字化成为时代发展的代名词，移动互联网、大数据、人工智能、物联网、云计算等与实际的经济生产活动全面结合，数据不再只是简单地对经济活动进行记录，而是成为经济生产活动的重要驱动要素之一。"数字化"与"信息化"是两个不同却又密切相关的词语，信息化包含数字化，数字化不仅是信息化的重要组成部分，更是信息化的进一步发展和深化，可以说，数字化是信息化的核心部分。数字技术发展成熟并带来的革命性变化，使世界环境已很难再用"信息化"来形容和概括。"数字化"一词也逐渐在社会上流行开来，并衍生出"数字化转型""数字化社会"等新名词。从"地球村"到"全球化"，再到如今的"数字化"，我们可以判定，当前人类社会已迈入了数字化时代。

在历史方位上，数字化时代与信息化时代是一脉相承的，数字化时代是信息化时代发展到21世纪的新阶段。数字化时代脱胎于信息化时代，是信息化时代在当前历史条件下的新发展、新飞跃、新形态。数字化时代不仅继承了信息化时代的基础特征，更进一步出现一系列前沿科技的应用，使数字化时代的技术形态遥遥领先于信息化时代。

在《中华人民共和国国民经济和社会发展第十四个五年规划和2035年远景目标纲要》中提出："迎接数字时代，激活数据要素潜能，推进网络强国建设，加快建设数字经济、数字社会、数字政府，以数字化转型整体驱动生产方式、生活方式和治理方式变革。"在数字经济蓬勃发展的背景下，"数字化转型"已经成为社会各界关注的一个焦点，那么什么是"数字化转型"呢？目前学术界和行业实践对此尚无权威的、统一的定义。国务院发展研究中心《传统产业数字化转型的模式和路径》报告提出："数字化转型是指利用新一代信息技术，构建数据采集、传输、存储、处理和反馈的闭环，打通不同层级与不同行业间的数据壁垒，提高行业整体的运行效率，构建全新的数字经济体系。"加快数字经济建设，以数字化转型驱动，充分发挥海量数据和丰富应用场景优势，促进数字技术与实体经济深度融合，赋能传统产业转型升级。通过新一轮科技革命和产业变革，主动把握和引领新一代信息技术变革趋势。

---

❶ 尼葛洛庞帝. 数字化生存［M］. 胡勇，范海燕，译. 海口：海南出版社，1996.

案例精选

新疆棉花产业升级换代 "数字棉花"显露头角

随着数字技术的发展，新疆棉花产业的科技含量越来越高，田间地头装有导航系统的无人驾驶棉花播种机能一次性完成铺膜、铺滴灌带、播种、覆土等作业，效率陡增。据介绍，新疆多地棉农全部用上了大型播种机，这种"北斗导航＋无人驾驶"播种方式已成常态（图6-2）。

图6-2 装有北斗导航系统的无人驾驶播种机正在播种棉花

近年来，新疆不断提升农业现代化，棉花种植全程机械化率稳步提升。同时，随着物联网、人工智能、大数据模型等技术手段的应用，智能化、数字化的棉花种植方式也开始崭露头角。新疆"数字棉花"就是要把棉花种植从经验型变成智慧型，以前靠经验，现在靠人工智能，即使没有种植经验的新生代农民，也可利用该模型种出高品质、高产量的棉花。新疆棉花产业的未来在于全面数字化，新疆棉花产业数字化变革进入"启蒙"期。

（资料来源：编者根据相关资料整理）

2.典型的数字新技术

展望未来，数字技术具有巨大的变革潜力，会带来创新空间和市场潜力的全面扩张，下面介绍五种数字新技术。

（1）大数据。大数据是21世纪数字化生产资源。信息化时代的发展，互联网、物联网与云计算等带来了海量、高增长率和多样化的数据，数据便成为大数据技术的核心数值。世界上任何人、事、物、企业、组织每时每刻都在产生大量数据，大量数据形成的数据流成为宝贵的知识财富，而这些海量的数据分析无法使用常规工具进行处理，便产生与此相适应的技术。

大数据指在获取、存储、管理、分析方面大大超出了传统数据库软件工具能力范围的数据集合，数据量大、速度快、类型多、复杂性高是大数据的主要特征。大数据技术包括大数据采集与预处理、大数据存储、大数据分析、大数据可视化、大数据安全与隐私保护、大数据应用等环节。

随着大数据逐步成为驱动数字经济发展的核心要素，大数据技术被广泛用于政务发展、企业管理等各个领域。例如，政府在数字化转型上依托大数据技术，加快数据基础设施建设，营造良好的数据环境，提升数据质量，深入开展大数据分析驱动新模式，实现智慧政务服务。进一步来说，不断推进政府治理能力现代化，提升政府公共服务能力，更好地服务社会民生。大数据技术在企业的应用，实时精准对接企业需求，降低企业交易成本，提升企业创新效率，推进大数据技术与实体经济融合，构建以大数据技术为基础的高质量创新驱动发展体系。

（2）物联网。物联网是新一代信息技术的重要组成部分，作为数字化生产传输，基于互联网基础上的延伸和扩展，将各种信息传感设备与互联网结合起来而形成的一个巨型网络。物联网实现的是信息的互联、人的互联、物的互联，本质是传输，即数据传输服务，把物品与互联网相连接，进行信息交换和通信，以实现对物品的智能化识别、定位、跟踪、监管和管理。

党的二十大报告中指出："加快发展物联网，建设高效顺畅的流通体系，降低物流成本。"物联网以新一代信息通信技术为主要手段，涉及人、物的互通互联，泛在连接万物，并提供信息感知、传输、处理等服务，能促进"人机物"三元融合，为各行业数字化、网络化、智能化转型提供关键支撑，为数字经济发展注入强劲动力。

物联网已被广泛应用于各领域，如智能家居、智慧交通、智能医疗、智能电网、智能物流、智能农业、智能安防、智慧建筑、智慧城市、智能制造、智能零售等。物联网的发展反映出一个趋势：将走向万物互联阶段，连接中的网络正在产生更多的数据和信息，从而创造出越来越大的价值。万物互联将为人类提供更智能的服务，为社会发展创造更大的价值。

（3）人工智能。人工智能是研究、开发用于模拟、延伸和扩展人的智能的理论、方法、技术及应用系统的一门新的技术科学。

人工智能起初只是一个计算机科学的分支，随着科学技术的发展，人工智能已经超出了计算机科学的范畴，涉及计算机科学、哲学、数学、心理学、语言学和社会科学等学科，是一门综合性的前沿学科和高度交叉的复合型学科。人工智能从本质上说就是把人的部分智能活动机器化，让机器具有完成某种复杂目标的能力，它实质上是对人脑组织结构与思维运行机制的模仿，是人类智能的物化。它涉及的领域包括机器人、语言识别、图像识别、自然语言处理和专家系统等。人工智能在日常生活中被广泛应用，例如语音助手、人脸识别、手机支付等，甚至在智能教育、智慧医疗、智慧城市、仿真系统等更多更广泛的领域得到应用。

人工智能作为一种通用型技术，在优化产业结构、增强经济韧性、实现经济高质量发展等方面发挥着重要作用。人工智能正在为推动我国经济高质量发展提供有力支撑，它是推动产业变革的核心驱动力量，加快推进人工智能产业优化升级，成为未来科技创新的"超级风口"。人工智能从宏观到微观各领域都提出形成智能化新需求，其带来的巨大能量会引发经济结构的重大变革。

人工智能是引领未来的战略性技术，世界主要发达国家均把发展人工智能作为提升国家竞争力、维护国家安全的重大战略，力图在新一轮国际科技竞争中掌握主导权。我国高度重视人工智能的发展和应用，以人才、技术为保障，融合实体经济，推动人工智能产业高质量发展，迎接人工智能发展新时代。面对新一轮科技革命，我们要构筑人工智能先发优势，牢牢掌握战略主动权。同时，高度重视人工智能带来的安全挑战，做好风险防范，确保人工智能安全、可靠、可控地发展。

（4）云计算。云计算是一种基于互联网的计算新方式，通过互联网上异构、自治的服务为个人和企业用户提供按需即取的计算。由于资源是在互联网上，而且在计算机流程图中，互联网常以一个云状图案表示，因此可以将其形象地类比为云；"云"同时也是对底层基础设施的一种抽象概念。

云计算作为数字化生产平台，是信息生产方式的重大变革。信息化要从"上网"走向"上云"，实现全面云化，整个社会生产力都要建立在云上。云计算的构成包括基础设施层、平台层、软件层。云为"智慧大脑"，云计算服务通常提供通用的通过浏览器访问的在线商业应用，软件和数据可存储在数据中心。

云计算技术本身已有长足发展，具有成熟的技术保障和广泛的应用领域。目前我国"云计算"正处在从新兴业态转变为常规业态的阶段，"云计算"技术与传统行业发展深度融合，渗透和改变着社会生产生活的各个环节。例如"云计算"技术在金融、教育、医疗、交通、安全等方面被广泛应用。"云计算"技术在经济领域的运用不仅是"数字经济"时代对数据处理的要求，更打破了旧有经济模式，寻找新的经济增长点，为"数字经济"注入活力。

（5）区块链。区块链技术被称为分布式账本技术，是一种互联网数据库技术，其特点是匿名性、不可篡改、可追溯性和去中心化，让每个人均可参与数据库记录。通俗来说，将数据库假设成一个账本，读写数据库就可以看作一种记账的行为，区块链技术的原理就是在一段时间内找出记账最快最好的人，由这个人来记账，然后将账本的这一页信息发给整个系统里的其他所有人。这相当于将数据库所有的记录，发给全网的其他每个节点，全网节点共同监督，实现数据的不可篡改性。

区块链技术引领信息互联网走向价值互联网，将人、物、事、时、空五大要素连为一体，通过机器信任和智能合约构建价值传递的大型合作网络。区块链技术旨在构建一个深度整合、开放、实施、共享的信息社会生态，有助于优化现有社会管理模式、增加社会信用以及促进社会公平。

区块链技术在当前被广泛应用于各个领域。区块链技术最先被应用于数字货币。最主要的应用是在产业上，区块链技术被成功应用于金融、物联网、供应链、能源、交通、制造、医疗、公益及公共服务等。随着技术的发展，区块链技术将在众多领域予以普及应用。区块链技术将重构商业模式、改善用户体验、优化业务流程、实现资源共享、降低交易成本、改变定价规则、提高协同效率，从而产生极有价值的产品。

案例精选

"数字＋智慧"赋能美好新疆

2022年9月，在第七届中国—亚欧博览会上，中国联通新疆分公司设置了以"数智领航 共绘未来"为主题的180平方米展厅（图6-3），分别设有智慧家庭、数字政府、5G应用、AI党建等展示专区。通过现场互动、智慧屏展示等方式，参观者可深入了解数字技术赋能千行百业的成果。

图6-3 "数智领航 共绘未来"展厅

走进"智慧生活"展示区——联通智能家居生活馆，带你体验从清早起床洗漱开始，智能测量体重、皮肤水分，血压监控；出门后，扫地机器人自动开启清扫模式；下班回家，指纹开门，智能感应灯亮起，音乐响起，语音控制打开电视观看高清影视；睡前跟AI私人健身教练一起做运动，塑造完美体型……身临其境感受智慧家庭生活。同样，智慧水利、智慧旅游、智慧党建、智慧农业、智慧医疗、智慧教育、智慧城市等项目充分体现了数字技术带来的重要产品和特色服务，为"数字新疆"建设贡献联通智慧和力量。

（资料来源：编者根据相关资料整理）

（二）数字化转型背景下的未来劳动发展趋势

新的劳动形态更新了传统的劳动方式，从而促进了劳动的迭代更新，产生工作岗位的新变化，最直接的影响就是未来劳动者工作岗位的选择和就业的现实需求。

1.多种劳动形态并存

在未来劳动中将出现以重复性劳动逐渐减少、创造性劳动逐渐增多为趋势的多种劳动形态并存现象。劳动是人类最基础、最重要的活动，是人类最日常和最显而易见的活动，然而劳动形态是由生产方式决定的，特别是劳动工具直接影响着劳动形态。从劳动形态的历史演进来看，劳动呈现出从低级劳动向高级劳动的历史演进，这是劳动工具的改变带来的结果。

随着人类对劳动工具的改进，机器成为更高级的工具，重复性劳动逐步被替代，大致可以分为三个阶段。第一个阶段：高级重复劳动替代低级重复劳动。如游牧、狩猎、采摘、农业和手工艺等是重复劳动，驾驶马车、驾驶汽车也是一种重复劳动，只不过后者更高级一些。这并不完全体现在驾驶者的劳动上，而是体现在整个系统中。因为由生产汽车、汽油、汽车道路等构成的驾驶系统远比生产马车、马匹、马车道路等更为复杂。第二个阶段：人工智能对重复劳动的部分替代。目前人工智能处于技术的前沿阶段，智能机器已经突破传统工具作为人类器官的延长、机器本质上是对人的劳动技能的替代，以及替代"人的手本身"的属性，已经在机器的基础上更进一步发展，部分简单重复劳动已被取代。第三个阶段：未来将会有更复杂的重复劳动被取代。以人工智能为代表的数字技术发展到高级阶段，不仅能够代替人们的简单重复劳动，而且能够取代更复杂的重复劳动。

当然，不管人工智能如何发展，我们从人类智能与机器智能的关系来看，人工智能不可能完全取代人类智能。因此，不管是简单重复劳动，还是复杂重复劳动都不可能完全被人工智能所取代，随着人工智能水平的发展，这个取代程度呈现出简单重复劳动被取代的可能性越来越高于复杂重复劳动而已。同时，人工智能并不能完全取代精神性劳动，未来随着人工智能的发展，将会增加精神性劳动的职业，而基于重复性劳动的工作岗位则会减少。

人工智能催生当代劳动形态发生了质的飞跃，智能机器成为介于人和物之间的特殊存在，在一定程度上成为劳动主体。机器智能越来越接近人类智能，过去专属于人类的劳动，特别是脑力劳动，越来越被智能机器所取代。智能机器摆脱过去对人类命令的机械复制，在一定程度上进行创造性劳动。

2.创造性劳动逐渐成为主流

数字新技术的发展逐步使创造性劳动成为未来劳动的主流。机械性、重复性劳动自人类劳动产生便成为其显著特征。这一特征随着工业时代机器的机械重复性运转被无限放大。正如马克思所说："由于推广机器和分工，无产者的劳动已经失去了任何独立的性质，因而对工人也失去了任何吸引力。工人变成了机器的单纯的附属品，要求他做的只是极其简单，极其单调和极易学会的操作。"❶随着信息技术的发展和广泛应用，在生产领域当中，体力劳动者逐渐减少，脑力劳动者逐渐增多。特别是服务行业逐步成为支柱产业，例如科技、金融、贸易、医疗、保险、法律、咨询等。在产业工人之外，科学家、企业家、技术工程师、办公室职员、律师、企业管理者、自由职业者等成为主流的职业群体。劳动密集型产业逐步被技术密集型产业取代，物质商品的生产让位于知识创造、技术创新和服务供给，知识、技术、服务在劳动分工协作体系中的作用越来越重要。

随着新科技革命的推进和劳动生产力进一步提升，例如搬运工、货车司机、清洁工

---

❶ 中共中央马克思恩格斯列宁斯大林著作编译局.马克思恩格斯文集：第2卷［M］.北京：人民出版社，2009.

等大量从事体力劳动的劳动者和电话销售员等从事机械性、重复性劳动的劳动者正在迅速减少，甚至消失。在人工智能时代，充分体现人的智慧且具有创造性的脑力劳动逐渐成为最主要的劳动形态，如科学家、设计师、程序员等。这也意味着大多数劳动者将从事规划设计、科学研究、技术开发、知识生产、组织管理、艺术创作等创造性劳动。然而，创造、辨析、批判、抽象、规划等能力将成为从事创造性劳动的必备技能。

从劳动形态的这一演进趋势来看，人类社会正在经历一个"脑化"的过程，过去仅从事重复性、机械性劳动的机器被人工智能、大数据、云计算等数字新技术赋予了人的思维能力，即机器被赋予了人类的智慧，智能机器能够像人类一样具有指挥、组织、协调、决策、控制等能力。整个人类社会更像一个专注于感知、分析、判断、抽象、规划、评价等事务的大脑，而所有具体的执行任务和工作将被"外包"给人工智能或智能机器人来完成。与数字和信息相关的创造性劳动，例如数字和信息的生产、收集、储存、传播、追踪、筛选、甄别等，也势必成为人工智能时代人类社会重要的劳动形态。

案例精选

科技创新　企之利器

新疆天润乳业股份有限公司（图6-4）成立于2002年，是新疆乳品行业集饲草种植、奶牛养殖、乳品生产、科研开发、市场营销"五位一体"的专业化乳品企业，被自治区评为新疆最具创新力研发企业，引领了新疆乳品行业的发展方向。

图6-4　新疆天润乳业股份有限公司

企业强大的核心标志是拥有强大的科技创新能力。乳品研发是创新驱动企业的强大动力。该公司研发部用赤藓糖醇等代替蔗糖，推出一款零蔗糖酸奶，口感顺滑香醇，很受消费者青睐。2014年4月，研发部开发的第一个新品"八楼记忆"品牌酸奶成为当年引领新疆酸奶市场的热销产品，最高日产量达到15吨。2014年8月，推出的爱克林浓缩酸奶"引爆"新疆酸奶市场，远销广州、福建、上海等地，浓缩酸奶一跃成为占该企业销量60%以上的最大单品，近6年浓缩酸奶销量总计在10万吨以上，产品销售网络覆盖全国31个省市。2016年以来，该公司研发部开发了如"冰激凌化了""百果香了""被柚惑了"等一系列备受消费者喜爱的新品。短短几年，新疆天润乳业股份有限公司稳步成长为新疆第一大乳制品企业。

（资料来源：编者根据相关资料整理）

3.新旧职业更迭

数字化转型催生新产业、新业态、新模式，从而促进低技术含量的职业逐渐被淘汰，高技术含量的新职业出现。新职业随着信息时代的到来、互联网信息技术的产生，创造了强大的生产力，尤其是劳动就业产生了颠覆性影响。生产力水平的提升使大量传统职业岗位受到冲击，数字化时代可能会淘汰大量低技术含量的劳动者。例如，钢铁等传统行业工人减少，传统行业中重复性劳动程度高的岗位工人减少更为明显。白领和服务行业也出现了同样的趋势，秘书、电话接线员、档案管理员、银行柜员的裁员人数不断创下新高。旧职业的淘汰是人类生产力飞跃发展的结果，然而随着新兴产业领域迅速发展，越来越多的劳动者也从传统行业中退出流向新兴岗位，重点转移到互联网应用、自动化等领域。

数字经济时代产生了新经济生态。数字经济在为全球经济发展注入巨大能量的同时，也催生了许多新行业和新业态，新增了就业机会和创造了新就业形态，大量数字化新职业的广泛出现对经济增长产生重要影响。

2019—2021年，中华人民共和国人力资源和社会保障部发布4次新职业，见表6-1。

表6-1　2019—2021年我国发布的新职业

批次/时间	新职业
第一批（13个）2019年4月	人工智能工程技术人员、物联网工程技术人员、大数据工程技术人员、云计算工程技术人员、数字化管理师、物联网安装调试员、建筑信息模型技术员、电子竞技员、电子竞技运营师、无人机驾驶员、农业经理人、工业机器人系统操作员、工业机器人系统运维员
第二批（16个）2020年2月	智能制造工程技术人员、工业互联网工程技术人员、虚拟现实工程技术人员、连锁经营管理师、供应链管理师、网约配送员、人工智能训练师、电气电子产品环保检测员、全媒体运营师、健康照护师、呼吸治疗师、出生缺陷防控咨询师、康复辅助技术咨询师、无人机装调检修工、铁路综合维修工、装配式建筑施工员
第三批（9个）2020年7月	区块链工程技术人员、城市管理网格员、互联网营销师、信息安全测试员、区块链应用操作员、在线学习服务师、社群健康助理员、老年人能力评估师、增材制造设备操作员
第四批（18个）2021年3月	集成电路工程技术人员、企业合规师、公司金融顾问、易货师、二手经纪人、汽车救援员、调饮师、食品安全管理师、服务机器人应用技术员、电子数据取证分析师、职业培训师、密码技术应用员、建筑幕墙设计师、碳排放管理员、管廊运维员、酒体设计师、智能硬件装调员、工业视觉系统运维员

这些新职业体现新技术、新趋势、新需求，折射出我国经济发展新动向，它们集中

分布在产业结构升级催生高端专业技术类、数字技术赋能引发传统职业变迁类和信息化广泛应用衍生类。新职业拓展职业路径，给人们提供发展的新机遇和就业的新选择。

2022年9月27日，《中华人民共和国职业分类大典（2022年版）》（以下简称《大典》）审定颁布会召开，审议通过了新版《大典》。《大典》中首次增加"数字职业"标识（标识为S），共标识数字职业97个。标识数字职业，是我国职业分类工作的重要创新。数字职业可以反映出各行业数字化进程及数字经济未来发展趋势，引领带动广大技能人才投身于数字经济建设实践，推动数字经济发展。

国家职业分类大典
首次标识数字职业

二、人工智能与未来劳动者

人工智能的发展正在改变着人们的生产生活方式，劳动形态的改变会直接对未来劳动者的职业岗位和就业选择产生重大影响。未来劳动者面对人工智能带来的变化，应与时俱进，具备时代素质和专业技能，在未来劳动中绽放人生价值。

（一）人工智能对劳动者的替代

数字经济时代，以人工智能为代表的数字技术打破传统的组织边界，个人进入市场的壁垒不断降低，生产活动可以在数字平台上进行高效率运转。借助数字技术赋能，形成协同、开放、多边、共享的经济模式，大量去雇主化、平台化的新就业形态不断涌现。数字技术创新促使产业结构不断转型升级，劳动力市场发生深刻变革，高技术、数字化、智能化职业岗位激增，对新职业产生推力作用。

随着人工智能的发展，国内外对未来职业发展都有大量研究。2019年3月，中国人民政治协商会议全国委员会常务委员会工作报告指出，人工智能技术发展是大势所趋，人工智能对劳动就业的影响，除了替代和冲击外，更重要的是改变与重塑。人工智能将引发技能要求的质变，未来大量工作需要人机协作，对劳动者专业性、协作性要求更高，技术技能型人才需求更加迫切。而有关调查数据显示，我国人工智能人才缺口超过500万人，技术工人占全部就业人员的比重约为20%，高技能人才只占6%。随着中低端岗位逐步减少，大龄低技能劳动者转岗再就业难度将不断加大。面向人工智能时代，要在新一轮科技革命和产业变革中赢得主动，关键是有充分的人才支撑，教育必须主动变革。

2020年2月，北京大学国家发展研究院相关研究报告指出，人工智能很有可能引发新一轮的科技革命浪潮，并对经济社会发展的各个方面产生重要影响。但是影响结果到底是什么，取决于人工智能产生的替代效应、互补效应和创造效应的相对大小。一方面，人工智能是一种能够替代劳动力的技术进步，越来越多的工作可能会被人工智能取代；另一方面，人工智能的发展还会通过互补效应带动一部分就业的增长，或者在其相关领域创造一些前所未有的职业类型。根据计算的人工智能应用率和Frey & Osborne（2017）估计的人工智能理论替代概率，研究估算了人工智能对女性、老年人、受教育程度低和低收入的劳动力有较大替代作用。研究预测了每个行业中被人工智能替代的就业人数，结果显示，城市中就业替代数量最大的三个行业是制造业，交通运输、仓储和邮政业，农林牧渔业；农村中就业替代数量最大的三个行业是农林牧渔业、制造业和建筑业。

根据大量国内外研究结果发现，在未来劳动中，大量重复性、机械性、简单性、危险性的劳动将逐渐被人工智能所取代。被人工智能代替的可能性非常大的职业特征：第一，无需天赋，经由训练即可掌握的技能；第二，无需脑思考的重复性劳动；第三，工作空间小，坐在格子间里，不闻天下事。被人工智能代替的可能性非常小的职业特征：第一，需要社交能力、协商能力，以及人情练达的艺术；第二，需要同情心，以及对他人真心实意地扶助和关切；第三，需要创意和审美。

总之，在未来劳动中，具有创造性和情感交流的劳动依然会稳步前进、大放异彩，不具有创造性的劳动将会被人工智能代替。

生产线上的机器人

河北临西县一家轴承生产车间，董某操作的"手臂"便来自一组六轴关节式工业机器人。在轴承生产车间不到60秒，机器人（图6-5）能干多少事？在董某这里，能走完一整套车工工序，即输入程序、按动开关，"手臂"从料仓抓取一个轴承的毛坯料，放入1号机床，20秒后机床防护门自动打开，"手臂"抓取加工件放进2号机床再加工，随后再提出、上传送带，进入下一道工序。

图6-5 工人正在调试机械臂

轴承生产车间刚起步时是小型车床，靠人工手摇扳把产生动力加工零件，熟练工1天最多出100个。后来，企业购进液压半自动式车床，1台一天加工1000多个零件，产品稳定性也提高不少。即使这样，产品质量还是无法达到国内国际客户要求，企业订单量下滑；生产过程还是需要大量人工，人员虽多却不能产生同等价值，提高装备水平和产品层次迫在眉睫。如今，工业机器人已经走进当地三成轴承企业车间，有了机器人，一个人就能盯两条流水线。董某说在他的车间，10条生产线24小时运转，每年节省人工成本100多万元，生产效率一下子提高20%。他还说机器人全自动生产线、机床设备网络化应用是未来发展方向，不学就会被市场淘汰。从车床工到数控机床操作员，再到与机器人打交道，董某觉得车间越来越智能，自己也更"聪明"了。

（资料来源：编者根据相关资料整理）

（二）未来劳动者必备素养

人工智能代替人的劳动，使人的劳动形态面临颠覆性变化。在智能时代，自由协作、人机协同、互利共享成为未来劳动方式发展的方向。未来劳动者自由全面发展成为促进智能时代社会高质量发展的内在要求。因此，未来劳动者面对智能时代形势所需，应顺势而为、主动求变，以满足未来劳动所应具备的数字素养、学科知识和创新精神品质。

1.具备与时俱进的数字素养

中央网信办等四部门印发的《2022年提升全民数字素养与技能工作要点》中提出："提升劳动者数字工作能力。培育数字领域高水平大国工匠，提高农民数字化'新农具'应用水平，发展壮大新兴职业群体人才队伍，增强妇女数字工作竞争力，提升领导干部和公务员学网、懂网、用网能力。"数字素养不仅是未来劳动者具备的一种品质，更是对未来劳动者基本能力的要求。因此，未来劳动者必须具备与时俱进的数字素养。

一是熟练使用数字工具高效完成任务的能力。既包括利用数字技术、通信工具或网络查找、评估、使用与创造信息的能力，也包括借助数字技术在数字环境中获得新知识的能力。

二是通过数字媒体工具进行有效沟通与交流的能力。根据不同情景和对象使用不同数字工具进行适应性交流的能力，在社交媒体上规范表达并有效传递正确信息的能力，参与社交和分享资源的能力等。

三是熟知数字媒体工具和内容的能力。未来劳动者学会通过网络搜索所需的学习与生活信息，能够在信息的海洋中去伪存真、明辨是非，提高批判性思考的能力和辨别信息适用性的能力，充分享受数字时代之便利，有效规避数字生活带来的风险。

2.具备交叉融合的学科知识

人工智能时代，催生新的劳动形态，而在未来劳动中会出现极少数低技术含量的岗位和越来越多高技术含量的岗位需求并存的状态。在未来劳动中，低技术含量的劳动者虽然大量会被代替，但是不可能被完全替代。同时，随着人工智能的发展，对创造性劳动者的需求越来越大，当然对创造性劳动者的要求也越来越高。

高等教育将通过前沿、专业的精细化管理，为人工智能时代人才的培养提供开放、包容的发展空间和成长条件。大学生作为未来劳动者，为了能够适应和驾驭未来职业的新要求，不仅需要加强专业知识的学习，更需要系统掌握学科知识体系、知识结构和话语体系。在人工智能时代，学科与专业之间的界限日益模糊，单一的学科知识将无法满足智能时代对超学科知识链的需求。随着人工智能的发展，有效打破不同专业学习的界限和壁垒，通过多渠道在线学习平台，掌握多学科领域相关知识；通过开放、高效、共建、共享的新型智能交互式学习体系，努力使自己成为具备交叉融合学科知识的复合型未来劳动者。

3.具备敢为人先的创新精神品质

人工智能的发展对未来劳动者自身的创新能力、解决问题能力、变化适应能力、交流协作能力和终身学习能力提出了更高的要求。未来劳动者思维活跃，创造潜力巨大。面对人工智能的不断发展，大学生作为未来劳动者要夯实专业理论基础、丰富专业实践技能，更要学会知识拓展和思维发散，用创新性思维分析和解决现实问题。

一是夯实专业理论学习，培养批判性和创新性思维方式。创新思维是创新能力的源泉，培养创新思维要以坚实的理论知识和完整的知识结构为基础。在人工智能时代，知识资源更加开放、共享，获取知识的渠道也更加广阔，查找和检索知识更加方便。未来劳动者学习的目的不再是简单地知识记忆，而是在学习和储存的专业知识基础上，用所学知识研究新情况、解决新问题、总结新经验，学会独立思考，树立创新意识，培养创新性思维方式。

二是加强专业实践教学，培养和锻炼创新意识和创新能力。创新意识就是打破固定的思维模式、程序和方法，提出开拓性的新观点，得到独创性的新发现。未来劳动者要坚持在实验、实训等实践教学活动中主动搜集并分析有关信息和资料，对相关问题做出假设并通过实验加以验证。

三是参加创新创业活动，不断提高创造性劳动能力。国家的创新创业项目为未来劳动者提升创造性劳动能力提供了很好的平台。未来劳动者应积极利用平台提供的政策支持和现实机会，积极参与创新创业项目申报活动，通过创新创业项目的参与、策划、实践，打破校园与社会的间隔，全方位地提升自身的劳动实践能力，以适应大数据、云计算、人工智能、区块链、物联网等数字技术带来的产业变革，创造性地解决就业创业中的实际问题，在实践中培养和提升创造性劳动的能力。

● 第二节 创造性劳动 ●

党的二十大报告指出："我们要坚持教育优先发展、科技自立自强、人才引领驱动，加快建设教育强国、科技强国、人才强国，坚持为党育人、为国育才，全面提高人才自主培养质量，着力造就拔尖创新人才，聚天下英才而用之。"进入新时代，推动我国经济高质量发展，必须依靠创造性劳动，具有创造性劳动能力的高质量劳动者是推动国家发展的重要力量。从创造性劳动的内涵出发，在实践中培养大学生创造性劳动能力，有助于加强数字经济发展，建设创新型国家。

一、创造性劳动概述

创造性劳动是人类社会发展的根本力量，是数字经济时代新的劳动形态，是理解未来社会发展的关键。从劳动的内涵、特征深刻理解创造性劳动的本质，运用数字技术创造性地解决未来劳动中的现实问题，从而提高劳动效率、实现劳动目标。

（一）创造性劳动的内涵

创新是引领发展的第一动力，人才是支撑发展的第一资源。创新是技术更新、经济增长和社会进步的源泉。创造性劳动满足新时代建设创新型国家的发展战略需要。从创造性劳动内涵出发，全面回答什么是创造性劳动。

创造性劳动是指人类突破劳动惯例，创造采取和运用全新的思维观念、科技知识、工艺设计及方式方法所进行的劳动。在创造性思维的支配下进行创新性劳动，通过人的脑力劳动萌发出技术、知识、思维的革新，从而高效提升劳动效率，产生超值的社会财富或成果的劳动，它既包括人类打破生产要素组合，创造新技术、新工序、新工艺、新理论、新方法，不断开辟新的应用范围，不断冲破常规，捕捉新的机遇，开拓新的劳动领域，开发新产品和开辟新市场，开创新的事业。因此，从三个方面把握创造性劳动内涵。

第一，创造性劳动是一种以创造性思维为主导的脑力劳动。这种劳动与其他劳动形成对比，尤其与重复性劳动相区别。重复性劳动是一种简单机械式的劳动，而创造性劳动是不断探索创新的过程。创造性劳动实现从无到有、从有到优的过程，实现以创新思维创造使用价值和价值。

第二，创造性劳动最终是指向实践的，需要具有创造潜质的劳动者。只要是劳动最终都指向实践，都在实践活动中实现。而创造性劳动在实践中不仅要求劳动者具有丰富的学科知识和实践经验，还要具有开放性思维和挑战性实践。

第三，创造性劳动是实现人的全面发展的途径。创造性劳动是高技术含量的脑力劳动，它对劳动者的要求越来越高。这就促使劳动者充分挖掘自身潜能，激发自身创造力，不仅提升自身创造性思维，而且体现人的本质特征。人只有在创造性劳动中才能使自身得到发展。

案例精选

一座创造性的超级工程——"华龙一号"全球首堆

2021年1月30日，全球第一台"华龙一号"核电机组——中核集团福建福清核电5号机组投入商业运行。这一天，距离2015年5月7日"华龙一号"全球首堆正式开工建设已经过去了2000多个日夜。"华龙一号"使用6万多台（套）设备、165千米管道、

2200千米电缆，上千人的研发设计团队、5300多家设备供货厂家、近20万人先后参与项目建设……这是一座创造性的超级工程，更是一张闪光的国家名片（图6-6）。

图6-6 正在吊装穹顶的华能海南昌江核电二期工程3号机组

"华龙一号"是我国具有完全自主知识产权的三代核电技术，是当前世界核电市场上接受度最高的三代核电机型之一。"华龙一号"设计寿命为60年，反应堆采用177堆芯设计，堆芯设计换料周期为18个月，创新采用"能动和非能动"相结合的安全系统及双层安全壳等技术，在安全性上满足国际最高安全标准要求。

"华龙一号"实现自主创新，国内专利716件、国际专利65件、海外商标200余件、软件著作权125项、核心科研报告1500余篇以及海量的科技创新论文……"华龙一号"形成了国内首个完整的核电自主知识产权体系。"华龙一号"全球首堆所有核心设备均已实现国产，所有设备国产化率达88%。

"华龙一号"全球首堆是"三新"工程：新技术、新设备、新材料，连阀门设计要求上都发生了变化。一直以来，世界核电行业有一种"首堆必拖"的"魔咒"，而"华龙一号"打破了它。目前，"华龙一号"在我国已经开始批量化建设。

（资料来源：编者根据相关资料整理）

（二）创造性劳动的特征

创造性劳动作为人类能动的实践活动，不仅积累了丰富的物质财富，也创造了宝贵的精神财富。创造性劳动不断成为推动社会发展的主要力量，创造出无数种类的前所未有的使用价值，满足人们各方面的需要。创造性劳动具有能动性、革命性、实践性、风险性特征。

1. 能动性

创造性劳动充分体现人的主观能动性。马克思指出："蜜蜂建筑蜂房的本领使人间的许多建筑师感到惭愧。但是，最蹩脚的建筑师从一开始就比最灵巧的蜜蜂高明的地方，是他在用蜂蜡建造蜂房以前，已经在自己的头脑中把它建成了。"劳动是人类所特有的活动，是有目的、有计划、有意识的能动活动。

不管何种劳动形态，都是人类独具的主观能动性的外在表现，都受人的意识支配。

创造性劳动作为受创造思维主导的脑力劳动，整个劳动的过程都是由人的思维和主观意识决定的，可以说，整个劳动就是人的意识的产物。在人的创造性劳动过程中，创造性思维决定了创造性劳动。因此，培养和锻炼创造性思维对于创造性劳动至关重要。

2.革命性

创造性劳动具有革命性特征。创造性劳动是一个不断探索创新的过程，这个过程就是勇于打破传统观念、敢于质疑固定观念、善于打破思维定式。创造性劳动在劳动过程中创造的价值与一般劳动相比较，对产品的贡献要大得多，突破一定的制约或限制，获得较大的预期成果，这就是一种革命性的实现。如果说，创造性劳动所实现的不是革命性的成果突破，没有创造出新的使用价值，与一般性劳动没有较大区别，不能称为创造性劳动。创造性劳动与重复劳动、简单劳动的最大区别就是用新的方法解决问题，采用新的劳动方法和程序产生新的劳动产品的技术。创造性劳动对推动生产力和人类社会的发展与进步有革命性作用。

3.实践性

实践性是创造性劳动的根本特征。中国共产党始终践行马克思主义实践理论，指引着人民改造世界的行动。中国共产党领导中国人民取得新时代的伟大胜利，这得益于劳动人民的艰苦奋斗，而创造性劳动发挥着重要作用。创造性劳动是在劳动实践中完成，只有在劳动实践中才能使创造性劳动的主观能动性和客观对象性相结合，转化为有用的劳动产品。劳动成果的转化最终从劳动实践中得来，如果劳动创造性的思维或者创造性的灵感仅仅停留在意识当中，没有付诸实践，使其通过创造性劳动转化为劳动成果的过程，不能被称为创造性劳动。创造性劳动不仅强调创造性思维，更强调劳动实践，知行合一才是对创造性劳动的全面认识和正确阐释。

4.风险性

创造性劳动的挑战性，使其本身也具有风险性。创造性劳动是对一般性劳动的劳动方法、程序以及劳动模式的突破，是对一般性劳动创造旧的使用价值的挑战。创造一种人类尚没有或部分尚没有的新的使用价值，具有较大的挑战性和不确定性，与风险相伴而生，创造性劳动都是在战胜风险挑战的过程中实现的。所以，创造性劳动不仅要具有敢于挑战的品格，而且要具有能担风险、不怕失败的素质和魄力。创造性劳动作为推动社会发展的重要力量，作为一项系统工程，不仅需要以科学家为代表的劳动者发挥协作作用共同推进，更是当代大学生自由全面发展的内在要求。对于新时代大学生而言，实践锻炼和提升自身创造性劳动能力显得至关重要。

二、大学生创造性劳动能力的培养

根据《大中小学劳动教育指导纲要（试行）》中指出："强化马克思主义劳动观教育，

注重围绕创新创业，结合学科专业开展生产劳动和服务性劳动，积累职业经验，培育创造性劳动能力和诚实守信的合法劳动意识。"全面建设社会主义现代化国家的新任务，对大学生创造性劳动能力提出了新要求。从大学生实训实习、科研实践、创新创业中不断提升创造性劳动能力，培养一批善于创造性劳动的高素质劳动者。

（一）在实训实习中提升创造性劳动能力

创造性劳动作为未来劳动发展的主流，对新时代大学生提出新要求。大学生在专业学习过程中的各个关键点，如日常学习、考试、实训、实习、毕业论文写作等环节，均需要把握好与辛勤劳动、诚实劳动、创造性劳动的深入融合。

实训实习是高等教育实践教学环节中的重要组成部分，包括专业实验、专业实训、专业实习等内容。专业实验是为了完成某一项具体的专业教学目标，在高校内部学习环境下进行的一种专业知识技能操练；专业实训是在校内模拟实务场景下进行的一种综合运用多种技能解决某一类较为复杂的实务问题的实践训练；专业实习则是深入实务部门进行较长时间的实际工作体验，其目的在于让学生全面了解真实的职场生活，更好地适应职场生活，综合运用各种专业知识技能和人际沟通能力解决各类职场中的实际问题。

大学教育中的实训实习是大学生直接参与劳动的主要阵地。实训实习作为专业课堂教学的延伸，是将理论专业知识和专业技能从"知道"转化为"运用"的过程。在专业教学中，结合所学专业进行多元化的实操性、实践性活动，通过在做中学、在做中思、在做中行，增进大学生对课堂讲授的专业知识的深刻认识、主动思考，提高探索创新的意识，锻炼大学生运用专业知识和技能解决实际问题的能力。实训实习通过实际操作，不断提升理论知识在实际中的应用，有助于帮助学生了解本专业所对应的岗位、所从事工作的内容和对工作人员能力与素质的要求，掌握从事专业领域实际工作的基本操作技能和基本技术应用能力。运用多样化方法和途径开展探究性实训实习等实践活动，激发创新意识，增强创造性劳动思维，提升大学生创造性劳动能力。

（二）在科研实践中提升创造性劳动能力

科研活动是高校实践育人的重要内容。高校大学生除了正常的教学课堂实践外，还可以参与教师的科研活动。科研活动是一项严谨的科学活动，为提升大学生创造性劳动能力提供良好的平台和机会，让大学生参与到高校科研活动中，营造良好的科研氛围，实现科研"育人"。

科研实践活动是大学生拓宽学识才能的有效方法。大学生参与科研活动可以了解专业领域及发展方向，明白专业学科在社会发展中的重要作用。科研实践活动可以让大学生结合自己的专业知识，认真钻研、拓宽思维；让大学生亲自动手操作，把专业学科之间相互关联，在科研过程中，促进学科间知识的融合，稳定专业知识，拓宽知识面，提升大学生创造性劳动能力。

科研实践活动是大学生提升观察力和洞察力的重要渠道。大学生参与科研实践活动，可以激发其勤于思考、大胆创新。科研实践活动是一项科学探索活动，在科研过程中，大学生善于发现问题、敢于创新。尤其在科学实验中，通过学生敏锐的观察力和洞察力，捕获具有价值的现象，经过认真地思考、分析，才会有新的发现和新的启示。

科研实践活动是大学生专业知识实践应用的重要体现。以"挑战杯"为平台，依据不同专业课程内容，大学生精心准备、细心设计、有效组织和实施科研活动。创造性劳动能力不仅要强调知识和技能的积累，更要注重知识的迁移和触类旁通。在教师的指导下，引导学生形成科研活动的思维方式，凸显科研活动增进大学生思维的功效，激发大学生科研活动的求知欲，进而提高大学生的创造性劳动能力。

（三）在创新创业中提升创造性劳动能力

随着国家层面对高等教育的创新战略要求，大学生已经走上社会发展与进步的大舞台，成为实施创新驱动发展战略和推进"大众创业、万众创新"的生力军。

创新创业是大学生提升创造性劳动能力的良好平台。大学生应充分利用好学校提供的创新创业平台，在创新创业中培养创造性劳动意识，掌握创造性劳动思维方式，将创造性劳动知识运用到创新创业实践中，并在实践中尝试不同的创造性劳动方法，最终培养和提升自身的创造性劳动能力。

创新创业是提升创造性劳动能力的重要途径。大学生在创新创业教育的过程中，要正确认识到创新创业政策以及学校鼓励大学生创新创业的目的，大学生不能简单地认为只有创业才是创造性劳动，或是只有成功的创业才是创造性劳动。大学生进行创新创业教育旨在培养和提升大学生的创新意识、创新思维和创新能力，要注重对想象力、问题意识、批判精神的培养。

大学生应当正确认识创新创业。创新精神可以体现在社会发展的各领域和劳动的全过程，可以体现在科学、技术和文化等方方面面的创造中，而不仅是创办公司。创业教育是促进大学生对社会经济，尤其是对新产业、新业态、新技术发展、新商业模式认知能力的培育，能够敏锐地捕捉商业机遇，从而将所学专业知识应用到社会的生产实践当中，推动产业升级和经济社会发展。尽管我们鼓励大学生创新创业，但是创新创业并不是为了让每一位大学生成为"老板"，而是培养创造性劳动意识和思维，掌握创造性劳动方法，在创新创业中真正提高创造性劳动能力。创新创业充满了困难和挑战，不是每一个大学生都适合创新创业，在创新创业中取得成功的并不多，大学生要辩证看待创新创业的成功与失败。

展望未来，创造性劳动成为社会发展的根本力量。从创造性劳动的内涵及特征出发，全面认识和深刻理解创造性劳动，有助于高等教育对未来人才的培养。大学生要应势所需、顺势而为，在学习期间利用实训实习机会、参与科研实践活动、参加创新创业等，提升自身的创造性劳动能力，在未来成为一名优秀的劳动者。

课后思考

1. 数字化转型对未来工作有何影响?

2. 人工智能会取代人类还是增强人类的能力?

3. 大学生在未来劳动中应如何顺势而为?

实践活动

具体内容见《新时代大学生劳动教育》实践手册的"实践任务九""实践任务十二"。

参考文献

［1］蔡瑞林，张根华，张国平.大学劳动教育［M］.北京：高等教育出版社，2021.

［2］曹燕.劳动与社会保障法入门笔记［M］.北京：法律出版社，2018.

［3］车俊.在兵团劳动模范和先进工作者表彰大会上的讲话［J］.兵团工运，2014（10）.

［4］陈宝生.全面贯彻党的教育方针 大力加强新时代劳动教育［N］.人民日报，2020-03-
　　30（12）.

［5］陈锋，褚玉峰.新时代劳动教育理论与实践教程［M］.上海：同济大学出版社，2020.

［6］陈国维.大学生劳动教育［M］.北京：高等教育出版社，2020.

［7］陈伟，郑文.大学生劳动教育概论［M］.北京：高等教育出版社，2021.

［8］崔迎，孙艳丽，刘景良，等.职业安全与紧急避险［M］.天津：天津大学出版社，2016.

［9］郜书锴.全媒体时代我国报业的数字化转型［D］.杭州：浙江大学，2010.

［10］何云峰.劳动幸福论［M］.上海：上海教育出版社，2018.

［11］胡平.职业心理学［M］.北京：中国人民大学出版社，2015.

［12］槐艳鑫.新时代中国工匠精神研究［D］.杭州：杭州师范大学，2021.

［13］李珂.初次就业不迷"盲"：和谐劳动关系导读［M］.北京：机械工业出版社，2020.

［14］李珂.嬗变与审视：劳动教育的历史逻辑与现实重构［M］.北京：社会科学文献出版
　　社，2019.

［15］刘建军.工匠精神［M］.北京：中共党史出版社，2020.

［16］刘向兵.大学生劳动教育通识［M］.北京：高等教育出版社，2022.

［17］刘向兵.用劳模精神、劳动精神、工匠精神凝聚新征程奋斗力量［J］.红旗文稿，
　　2021（1）：38-40.

［18］柳友荣.新时代大学生劳动教育［M］.北京：高等教育出版社，2021.

［19］卢胜利，刘瑜，杨孝峰.新时代大学生劳动教育［M］.北京：高等教育出版社，2022.

［20］孟慧.职业心理学［M］.北京：中国轻工业出版社，2009.

［21］尼葛洛庞帝.数字化生存［M］.胡勇，范海燕，译.海口：海南出版社，1996.

［22］上官苗苗，李春华.论新时代劳动精神的内涵、价值与培育路径［J］.思想理论教育
　　导刊，2020（6）：22-26.

［23］宋鑫.数字化时代生存问题的哲学回应［D］.大庆：大庆石油学院，2010.

［24］孙家学，耿艳丽，邵珠平.新时代高校劳动教育通论［M］.北京：高等教育出版社，
　　2021.

［25］汤素娥，柳礼泉.高校劳动教育课程化的价值意蕴与实践方略［J］.思想理论教育导
　　刊，2021（1）：101-105.

［26］陶志勇.新时代劳动观［M］.北京：中国工人出版社，2021.

［27］王月.当代中国工匠精神研究［D］.包头：内蒙古科技大学，2019.

［28］ 吴顺.工匠精神：传承与创新［M］.北京：中共党史出版社，2018.

［29］ 吴学东.马克思的劳动思想研究［M］.北京：中国社会科学出版社，2018.

［30］ 徐大真.职业心理学［M］.北京：高等教育出版社，2011.

［31］ 宇文利.中国共产党人对劳动精神的弘扬和培育［J］.马克思主义理论学科研究，2022，8（1）：105-114.

［32］ 张福利，韩美凤.劳动教育［M］.西安：西安交通大学出版社，2020.

［33］ 张明海，欧彦宏.论新时代大学生劳动精神的培育［J］.湖南科技大学学报（社会科学版），2022，25（1）：99-106.

［34］ 赵浚，田鹏颖.新时代劳动精神的科学内涵与培育路径［J］.思想理论教育，2019（9）：100-104.

［35］ 赵鑫全，张勇.新时代大学生劳动教育［M］.北京：机械工业出版社，2021.

［36］ 郑娓娜.新时代大学生劳动精神培育的价值意蕴及其实现路径［J］.学校党建与思想教育，2019（9）：94-96.

［37］ 郑文，陈伟.大学生劳动教育［M］.北京：高等教育出版社，2022.

［38］ 周利生.劳动教育概论［M］.北京：高等教育出版社，2021.

新时代大学生劳动教育
实践手册

学院＿＿＿＿＿＿＿＿＿＿＿＿

班级＿＿＿＿＿＿＿＿＿＿＿＿

学号＿＿＿＿＿＿＿＿＿＿＿＿

姓名＿＿＿＿＿＿＿＿＿＿＿＿

实践任务一　时空萌芽，见证成长

活动目标	1.感受生命力量，收获劳动成果，体验劳动最光荣。 2.尊重劳动、尊重劳动者，认识到劳动的重要性。
活动内容	学生在教师指导下播种、移栽某种植物，并亲历植物生长全过程。
活动设计	（一）准备阶段 1.教师准备：发布种子发芽以及植物移栽任务驱动书。 2.学生准备：搜集种子发芽及植物移栽相关资料，准备植物移栽的相关材料（容器、土壤等），准备活的植物种子。 （二）实施阶段 1.教师介绍种子种植、植物移栽流程、注意事项。 2.学生亲手种植种子，或移栽植物幼苗。 3.组织学生分享种植、移栽的经验与感想。 4.以"劳动创造人本身"为线索，讨论人与动物的区别。 （三）总结阶段 归纳总结劳动对于人的重要意义，通过植物种植感受劳动魅力，引导学生尊重劳动、尊重劳动成果。
注意事项	为确保活动圆满成功，可设置不同生长环境，对照培育植物幼苗。
活动记录	活动过程记录见表1-1。
相关资源	活动所需的相关材料： 1.种子发芽以及植物移栽任务驱动书。 2.种子种植所需相关工具。
考核评价	学生自评和实践课教师评价相结合，评价标准见表1-2。首先，由学生根据评价标准形成定量的自评分数；其次，由实践课教师给予定性的综合评价（优秀、良好、合格）。

表 1-1　活动记录表

培育幼苗的过程记录	
活动过程中遇到的困难和解决方案	
活动感受	

表 1-2　大学生劳动实践平时表现评价表

评价标准	分值	自我评价（总分 100）	实践课教师评价（优秀、良好、合格）
搜集种子发芽及植物移栽相关资料	20 分		评价结果：
成功培育幼苗	20 分		
积极分享种植经验及感想	20 分		
积极参与主题研讨并得出结论	40 分		
总分合计			实践课教师签字： 日　　期：

3

实践任务二　制订学期劳动计划

活动目标	巩固课堂上所学的马克思主义劳动观相关知识，学会制订劳动计划。
活动内容	在勤工助学和志愿服务两个方向选择其中一项，以学期为单位制订个人劳动计划。
活动设计	（一）准备阶段 1.利用课堂讲授勤工助学和志愿服务的含义及类型，使学生明确劳动任务，制订学期劳动计划。 2.明确计划实施的地点与时间，了解计划实施的环境、条件和限制，以便合理安排计划实施的空间组织和布局。 （二）实施阶段 1.汇总整理收集到的资料信息，选择劳动方向。 2.设计合理、可行的劳动计划。 （三）总结阶段 课堂上展示制订的劳动计划，最终评定出优秀个人。
注意事项	1.实践过程中，注意做好资料的搜集工作，选择好方向。 2.设计的劳动计划要贴近生活实际。
活动记录	学期劳动计划见表2-1。
相关资源	活动所需的相关资源：无。
考核评价	学生自评和实践课教师评价相结合，评价标准见表2-2。首先，由学生根据评价标准形成定量的自评分数；其次，由实践课教师给予定性的综合评价（优秀、良好、合格）。

表 2-1 学期劳动计划

劳动方向 （勤工助学或者志愿服务）	
劳动形式 （个人或者团体）	
劳动地点	
劳动岗位	
劳动内容	
劳动时间 （以学期为周期，具体到小时）	
劳动频次 （以周、天、月为单位）	
预期劳动成果 （图片、视频、收获等）	

表 2-2 大学生劳动实践平时表现评价表

评价标准	分值	自我评价 （总分 100）	实践课教师评价 （优秀、良好、合格）
劳动计划 设计合理	20 分		评价结果：
劳动计划 是否贴合实际	20 分		
劳动方向选取 是否合适	20 分		
劳动成果展示	40 分		
总分合计			实践课教师签字： 日　　期：

5

实践任务三　参加劳动实践，体验劳动之乐

——清洁美丽教学楼，大家同行动

活动目标	1.巩固课堂上所学的马克思主义劳动观的内涵。 2.在实践中，激发学生维护教学楼卫生的热情，培养学生公共卫生意识，承担共同建设、保护美丽教学楼的责任。 3.体验劳动最光荣、劳动最美丽、劳动最崇高的乐趣，提升学生的团结精神和奉献精神，增强学生的主人翁意识。
活动内容	以小组的形式开展活动，打扫教室，保持教室的清洁。
活动设计	（一）准备阶段 1.全校各班级通过主题班会，呼吁在校学生积极参与卫生清洁活动，并且对参与活动的学生进行分组。 2.以班级为单位按照各学院生活部的要求，到指定地点领取劳动工具，按照规定完成各教室的打扫任务。 （二）实施阶段 1.各班级明确任务周期为一周。 2.各班级各小组自己选择劳动时间，在早上第一节课课前、午休、晚饭时间、晚自习下课后打扫教室，每天至少打扫两次。 3.每天教室打扫完毕后，将由各学院生活部人员进行检查。 （三）总结阶段 1.小组成员每人写一份工作记录及劳动体会。 2.以小组为单位，利用熟悉的媒体软件制作视频或者PPT等，主要反映在此次劳动中的案例和图片，展现出每一位同学对劳动的认识，充分理解劳动最美丽、劳动最光荣、劳动最崇高的观念。 3.面向班级进行劳动成果展示。
注意事项	实践活动中，大家合理分工，正确使用劳动工具，注意个人安全。
活动记录	活动记录见表3-1。
相关资源	活动所需的相关材料： 1.清洁工具。 2.学生能够制作视频或者PPT进行展示。
考核评价	学生自评和实践课教师评价相结合，评价标准见表3-2。首先，由学生根据评价标准形成定量的自评分数；其次，由实践课教师给予定性的综合评价（优秀、良好、合格）。

表 3-1　实践活动记录表

本人承担的任务内容	
过程性资料展示	
参与本次活动的心得体会	

表 3-2　大学生劳动实践平时表现评价表

评价标准	分值	自我评价（总分 100）	实践课教师评价（优秀、良好、合格）
积极参与本次活动	20 分		评价结果：
按时完成实践活动	20 分		
过程性资料充实	20 分		
实践活动记录填写完整	40 分		
总分合计			实践课教师签字： 日　　期：

实践任务四 "寻找最美劳动者"摄影活动

活动目标	1.巩固课堂上所学的劳动精神，积极践行劳动精神。 2.体味劳动者的精神面貌，端正劳动态度，正确认识劳动，积极投入劳动。 3.真正理解幸福都是奋斗出来的，新时代是奋斗者的时代。
活动内容	以本学期开设新时代大学生劳动教育课程的班级为单位，分小组寻找最美劳动者，并记录其最美的劳动瞬间。
活动设计	（一）准备阶段 以班级为单位，分成若干小组并选出小组长。 （二）实施阶段 1.在课堂中，发布寻找最美劳动者的任务及要求。 2.分小组进行讨论，确定最美劳动者人群，然后以小组为单位出发寻找最美劳动者。 3.通过手机或者照相机记录最美劳动者的瞬间，深入交流，了解最美劳动者的事迹。 （三）总结阶段 1.以小组为单位，利用熟悉的媒体软件制作视频或者PPT，主要反映本小组所寻找到的最美劳动者及其事迹。 2.通过寻找最美劳动者活动，以心得体会的方式完成自己对劳动的认识，对劳动最美丽、劳动最光荣、劳动最崇高理念的认识。 3.面向班级进行最美劳动者的展示活动。
注意事项	实践活动中大家合理分工，积极讨论，注意个人安全。
活动记录	活动记录见表4-1。
相关资源	活动所需的相关资源： 1.手机或者照相机等。 2.学生能够运用制作视频或者PPT进行展示。
考核评价	学生自评和实践课教师评价相结合，评价标准见表4-2。首先，由学生根据评价标准形成定量的自评分数；其次，由实践课教师给予定性的综合评价（优秀、良好、合格）。

表 4-1 实践活动记录表

工作记录和讨论记录	
寻找最美劳动者的过程阐述	
寻找最美劳动者的心得体会	

表 4-2 大学生劳动实践平时表现评价表

评价标准	分值	自我评价（总分 100）	实践课教师评价（优秀、良好、合格）
工作记录和讨论记录	20 分		评价结果：
过程性资料充实	20 分		
心得体会	20 分		
最终成果展示	40 分		
总分合计			实践课教师签字： 日　期：

实践任务五　寻找身边劳模榜样

活动目标	1.巩固课堂上所学的劳模精神相关知识。 2.在争当劳模的校园实践中，进一步了解大学生弘扬劳模精神的途径。 3.增进对劳模精神时代价值的认识。
活动内容	学生在教师指导下，向身边的劳模看齐，开展大学生寻找身边劳模榜样的实践体验。
活动设计	（一）准备阶段 1.教师准备： （1）将同学划分为若干实践小组，每组5人左右。 （2）联系学校学生处、团委、就业指导相关部门予以配合支持。 （3）制订一个学校或学院级别的劳模评选方案，学院以一个月为期评选1名学院"劳模之星"，学校以一学期为期评选10名校级"劳模之星"。 2.学生准备： （1）每小组成员确定所在具体学院本月的学习劳模榜样1人。 （2）明确学校"劳模之星"评选的条件和标准，如学院"劳模之星"和学校"劳模之星"两个级别的区别。 （二）实施阶段 （1）制订学院"劳模之星"评选条件。 （2）实施寻找"劳模之星"。小组明确分工，通过对照评选条件，深入挖掘身边的"劳模之星"，并做好记录、材料收集、宣传和学习工作。 （3）开展学院"劳模之星"每月评选工作，根据班级推优、学院审核程序，确定本月"劳模之星"。 （4）制作"劳模之星"先进事迹学习记录表。每个小组结合课堂所学，设计寻找身边劳模榜样记录表（可参考表5-1）。 （三）总结阶段 根据各个学院每月"劳模之星"评选结果，每组完成一份关于我要当劳模的学习心得体会。每位小组成员填写实践活动记录表，对本次实践活动进行总结。

续表

注意事项	1.学院层面的"劳模之星"评选需要充分借助各年级辅导员和团委书记的支持和配合，注意做到公开公平。 2.学校层面的"劳模之星"评选需要各二级学院择优推荐，确定学期表彰名单。
活动记录	活动记录见表5-2。
相关资源	活动所需的相关资源： 1.需要团委做好校级"劳模之星"的宣传报道工作。 2.需要各学院指派团委书记和1名辅导员参与"劳模之星"评选的监督和协助。 3.需要运用网络匿名投票工具。
考核评价	学生自评和实践课教师评价相结合，评价标准见表5-3。首先，由学生根据评价标准形成定量的自评分数；其次，由实践课教师给予定性的综合评价（优秀、良好、合格）。

表 5-1 寻找身边劳模榜样记录表

"劳模之星"基本信息	（姓名、性别、年龄、年级、专业）
"劳模之星"的事迹	
"劳模之星"身上的闪光点	
辅导员给在校大学生的意见和建议	

11

表 5-2　实践活动记录表

本人承担的任务内容	
任务的难点及解决方案	
参与本次活动的心得体会	

表 5-3　大学生劳动实践平时表现评价表

评价标准	分值	自我评价（总分 100）	实践课教师评价（优秀、良好、合格）
积极承担组内任务	20 分		评价结果：
积极分享调研感受	20 分		
过程性资料充实	20 分		
调研成果质量好	20 分		实践课教师签字： 日　　期：
总分合计			

实践任务六　参加一堂专业技能实训课

活动目标	1.增强劳动意识，体悟匠人情怀，弘扬工匠精神。 2.通过现场观摩学习、动手实践，提升学生的专业技能与素质。 3.在活动中进一步了解专业内容，明确职业规划，增强职业使命感。
活动内容	学生在教师指导下开展专业技能观摩学习与动手实践。
活动设计	（一）准备阶段 1.教师准备： （1）根据学生情况，安排难度适中、安全的专业技能项目，并准备相应的教学材料、教学器材。 （2）根据班级学生人数，合理分配实践小组，建议每个小组5—6人，并确定1名组长，参与指导专业技能的实践环节及做好学生统一管理工作。 2.学生准备： （1）根据开展的专业技能项目，做好劳动保护用品的选择穿戴，保障自身安全。 （2）做好课前专业技能实践环节的理论学习，掌握技能操作的重点、难点。 （二）实施阶段 （1）实践过程中，在教师的指导下认真记录、思考，积极讨论、交流和分享经验，掌握技能操作的重点、难点。 （2）在教师指导及组长的协助下动手实践，熟练掌握技能要领，达到理论与实践相结合。 （三）总结阶段 根据现场观摩与技能实操，每组邀请1名组员进行现场技能展示，其他小组成员进行评价与场外指导。每名小组成员需填写实践活动记录表，对本次实践活动进行总结。
注意事项	实践过程中，认真听教师讲解技能要点、设备使用、操作流程，做好自身安全防范，增强安全保护意识。
活动记录	活动记录见表6-1。
相关资源	专业技能实践所需的相关工具。
考核评价	学生自评和实践课教师评价相结合，评价标准见表6-2。首先，由学生根据评价标准形成定量的自评分数；其次，由实践课教师给予定性的综合评价（优秀、良好、合格）。

表 6-1　实践活动记录表

专业技能 掌握情况	
专业技能存在的 重点、难点	
参与本次活动的 心得体会	

表 6-2　大学生劳动实践平时表现评价表

评价标准	分值	自我评价 （总分 100）	实践课教师评价 （优秀、良好、合格）
学习过程 积极认真	30 分		评价结果：
分享交流 实践感受	20 分		
学习成果显著	20 分		
能现场展示专业 技能学习情况	20 分		
在实践中积极 践行工匠精神	10 分		
总分合计			实践课教师签字： 日　　期：

实践任务七　大学生就业劳动保障常见问题调查

活动目标	1.巩固课堂上所学的劳动科学相关知识。 2.在调研实践中，进一步了解大学生就业中常见的劳动保障问题及应对方法。 3.增进对劳动科学知识重要性的认识。
活动内容	学生在教师指导下开展大学毕业生就业过程中的劳动保障常见问题调查。
活动设计	（一）准备阶段 1.教师准备： （1）将同学划分为若干实践小组，每组5人左右。 （2）联系学校就业指导相关部门予以配合支持。 2.学生准备： （1）确定具体调研对象。 （2）明确调研途径，如发放问卷、电话访谈、面对面访谈等。 （二）实施阶段 （1）制订调研提纲。 （2）制作调研记录表。每个小组结合课堂所学，设计调研记录表（可参考表7-1）。 （3）实施调研。小组明确分工，通过发放问卷、电话访谈、面对面访谈等多种形式，深入调研高校毕业生在就业过程中常见的劳动保障问题及正确的应对方法，并做好记录和整理。 （三）总结阶段 根据调研结果，每组完成一份关于高校毕业生就业劳动保障常见问题的调研报告。每位小组成员填写实践活动记录表，对本次实践活动进行总结。
注意事项	1.调研过程可能涉及个人隐私，可采取匿名等形式保护好调查对象的隐私。 2.外出调研要注意个人安全。
活动记录	活动记录见表7-2。
相关资源	活动所需的相关资源： 1.需要就业指导部门或辅导员协助联系已就业的毕业生。 2.需要运用问卷调查等工具。
考核评价	学生自评和实践课教师评价相结合，评价标准见表7-3。首先，由学生根据评价标准形成定量的自评分数；其次，由实践课教师给予定性的综合评价（优秀、良好、合格）。

表 7-1　调研记录表

调研对象基本信息	（性别、年龄、工作年限、工作单位性质等）
曾遇到的劳动保障相关问题	
当时的解决方式	
给在校大学生的意见和建议	

表 7-2　实践活动记录表

本人承担的任务内容	
任务的难点及解决方案	
参与本次活动的心得体会	

表 7-3　大学生劳动实践平时表现评价表

评价标准	分值	自我评价（总分 100）	实践课教师评价（优秀、良好、合格）
积极承担组内任务	20 分		评价结果：
积极分享调研感受	20 分		
过程性资料充实	20 分		
调研成果质量好	40 分		
总分合计			实践课教师签字： 日　　期：

实践任务八　大学生社会实践中劳动安全清单调研

活动目标	1.增进对劳动安全的认识，掌握劳动安全技能。 2.认识到劳动安全的重要性。
活动内容	学生在教师的指导下开展大学生社会实践中劳动安全清单调研活动。
活动设计	（一）准备阶段 1.教师准备： （1）根据班级学生人数，合理分配实践小组，建议每个小组5—6人。 （2）准备与实践活动相对应的劳动工具、教学材料等。 2.学生准备： （1）以小组为单位，任意选择一项劳动实践活动，如打扫教室、捡垃圾、参加社区服务、开展社会调查等。 （2）提前设计实践活动中的劳动安全清单，尽可能从多方面、多角度考虑，全面预设安全清单。例如，是否遵守活动纪律、是否认真听取活动有关事项、是否掌握实践活动流程、是否使用劳动工具或机械电器设备，以及涉及人身安全方面等。 （二）实施阶段 （1）实施选定的实践活动，根据预先设计的劳动安全清单，在实践过程中注意观察、思考，对劳动安全清单做进一步梳理和调整。 （2）在实践活动中，遵守实践活动安全要求，做好自我保护措施。 （三）总结阶段 根据实践结果，每位小组成员评价组内设计的劳动安全事项清单是否完整，进行补充完善，并对本次实践活动进行总结。
注意事项	在进行实践活动过程中注意人身安全。
活动记录	劳动安全清单见表8-1。
相关资源	活动所需的相关资源： 1.需要提前制订劳动安全清单。 2.需提前准备与实践活动相关的劳动工具及其他材料。
考核评价	学生自评和实践课教师评价相结合，评价标准见表8-2。首先，由学生根据评价标准对本组安全清单事项是否完整进行自我评价；其次，由实践课教师给予综合评价（优秀、良好、合格）。

表 8-1　劳动安全清单

实践活动类型	
预设劳动安全清单	
清单是否完整	
补充完善总结整理	

表 8-2　大学生劳动实践平时表现评价表

评价标准	分值	自我评价（总分 100）	实践课教师评价（优秀、良好、合格）
提前做好劳动安全清单	30 分		评价结果：
分工合理积极参与	20 分		
积极分享实践感受	20 分		
调研清单完整	30 分		
总分合计			实践课教师签字： 日　　　期：

实践任务九　旧物改造大行动，绿色环保新生活

活动目标	1.树立绿色环保的生活理念。 2.掌握简单的旧物改造方法。
活动内容	学生通过自己查找资料完成一件旧物改造。
活动设计	（一）准备阶段 1.教师准备： （1）发布旧物改造任务。 （2）引导学生查找旧物改造资料。 2.学生准备： （1）收集旧物，如快递盒、塑料瓶等。 （2）查找旧物改造的方法。 （二）实施阶段 （1）教师介绍旧物改造的技巧和注意事项。 （2）学生进行旧物改造。 （3）学生进行旧物改造展示，分享改造心得。 （三）总结阶段 学生根据改造旧物的使用情况，总结改造技巧和方法。还可根据生活需要，不断进行旧物改造，将绿色环保理念融入日常生活。
注意事项	1.旧物改造要始终树立绿色环保理念，不可过度装饰。 2.旧物改造过程中，要注意工具使用安全。
活动记录	活动过程记录见表9-1。
相关资源	活动所需的相关资源： 1.旧物改造任务驱动书。 2.旧物改造所需工具：剪刀、胶水、纸胶带等。
考核评价	学生自评和实践课教师评价相结合，评价标准见表9-2。首先，由学生根据评价标准形成定量的自评分数；其次，由实践课教师给予定性的综合评价（优秀、良好、合格）。

表 9-1　实践活动记录表

旧物名称	
改造目标	
改造基本方法	
改造效果图片	
使用反馈	

表 9-2　大学生劳动实践平时表现评价表

评价标准	分值	自我评价（总分 100）	实践课教师评价（优秀、良好、合格）
积极承担组内任务	20 分		评价结果：
积极分享调研感受	20 分		
过程性资料充实	20 分		
调研成果质量好	40 分		实践课教师签字： 日　　期：
总分合计			

实践任务十　积极参与实训，淬炼别样青春

活动目标	1.树立正确的实训态度。 2.完成一项实训活动，得到正确的实训结果（或完成实训任务）。
活动内容	学生在教师指导下完成一项实训活动，得出正确的实训结果（或完成实训任务），填写实训报告。
活动设计	（一）准备阶段 1.教师准备： （1）发布实训任务。 （2）完成实训所涉及理论知识的讲解。 2.学生准备： （1）阅读实训任务书，完成实训准备阶段任务书的填写。 （2）理解实训所涉及的理论知识。 （二）实施阶段 （1）教师演示或介绍实训内容及方法。 （2）学生进行实训。 （3）教师全过程巡查指导。 （4）学生完成实训，得出正确的实训结果（或完成实训任务），并填写实训报告。 （三）总结阶段 学生根据实训情况总结分享经验，教师总结实训注意事项及出现的共性问题。
注意事项	1.师生在实施过程中巡视指导，注意学生的安全。 2.学生注意总结和分析。
活动记录	活动过程记录见表10-1。
相关资源	活动所需的相关资源： 1.实训报告。 2.实训室及实训所需耗材。
考核评价	学生自评和实践课教师评价相结合，评价标准见表10-2。首先，由学生根据评价标准形成定量的自评分数；其次，由实践课教师给予定性的综合评价（优秀、良好、合格）。

表 10-1　　实践活动记录表

实训项目	
实训原理	
实训过程或实训数据	
实训结果	
实训总结	

表 10-2　　大学生劳动实践平时表现评价表

评价标准	分值	自我评价（总分 100）	实践课教师评价（优秀、良好、合格）
积极承担组内任务	20 分		评价结果：
积极分享调研感受	20 分		
过程性资料充实	20 分		
调研成果质量好	40 分		实践课教师签字： 日　　期：
总分合计			

实践任务十一　弘扬志愿服务精神，传递向上向善力量

活动目标	1.弘扬志愿服务精神。 2.完成一项志愿服务活动。
活动内容	学生自行组织和策划一项志愿服务活动并参与其中。
活动设计	（一）准备阶段 1.教师准备： （1）根据实际情况对学生进行分组。 （2）为学生提供相关指导和帮助。 （3）协调活动需要的场地及活动所需要的消耗品。 2.学生准备： （1）根据实际情况策划志愿服务活动。 （2）对接志愿服务相关组织或个人。 （3）准备志愿服务所需的物品。 （二）实施阶段 根据策划书开展志愿服务。 （三）总结阶段 学生从活动策划、志愿服务实施两个方面进行总结和交流。
注意事项	1.策划时要全面考虑实际情况。 2.师生实施全过程中注意安全。
活动记录	活动过程记录见表 11-1。
相关资源	活动所需的相关资源： 1.需要教师帮助协调活动场地。 2.开展志愿服务所必需的工具及消耗品。
考核评价	学生自评和实践课教师评价相结合，评价标准见表 11-2。首先，由学生根据评价标准形成定量的自评分数；其次，由实践课教师给予定性的综合评价（优秀、良好、合格）。

表 11-1　实践活动记录表

志愿服务项目	
活动开展地点	
具体工作内容	
志愿服务体会	

表 11-2　大学生劳动实践平时表现评价表

评价标准	分值	自我评价（总分 100）	实践课教师评价（优秀、良好、合格）
积极承担组内任务	20 分		评价结果：
积极分享调研感受	20 分		
过程性资料充实	20 分		
调研成果质量好	40 分		实践课教师签字： 日　　期：
总分合计			

实践任务十二　创新设计，智能生活

活动目标	1.运用创新思维，发挥自身创造性劳动能力，进行生产生活等小物品的设计制作。 2.在实践中体会智能设计的奥妙，感受创造性劳动带来的乐趣。
活动内容	创新设计生活垃圾桶、小风扇等生活小物品，体验创新劳动成果。
活动设计	（一）准备阶段 1.教师准备：帮助学生选定需要创新的小物品。 2.学生准备：搜集各种小物品创新设计所需要的相关材料。 （二）实施阶段 1.学生裁剪、切割、粘贴制作小物品所需的材料。 2.按照相关原理，发挥主观能动性完成小物品的设计和制作。 3.展现自己小物品设计的智能性和创造性，并向同学分享设计经验与感想。 （三）总结阶段 总结此次创造性劳动的重要意义，感受创造性劳动的魅力，引导学生认识创造性劳动成果改变生活，推动社会发展。
注意事项	设计具有可操作性、可行性的小物品，难度不宜过大，所需材料为生活当中可回收利用之物。
活动记录	活动记录见表12-1。
相关资源	活动所需的相关材料：小物品设计所需相关工具、材料。
考核评价	学生自评和实践课教师评价相结合，评价标准见表12-2。首先，由学生根据评价标准形成定量的自评分数；其次，由实践课教师给予定性的综合评价（优秀、良好、合格）。

表 12-1　实践活动记录表

物品名称	
设计制作的难点及解决方案	
参与活动的心得体会	

表 12-2　大学生劳动实践平时表现评价表

评价标准	分值	自我评价（总分 100）	实践课教师评价（优秀、良好、合格）
提出具有可行性、可操作性的活动方案	20 分		评价结果：
搜集设计所需的相关材料，并完成材料的裁剪、切割、粘贴等	20 分		
亲手设计制作完成小物品的全过程	20 分		
展示设计制作的小物品，并演示其创新性	40 分		实践课教师签字： 日　　期：
总分合计			

附：

大学生劳动实践学段综合评价表

学期 实践 类型	日常生活劳动 （签字/盖章）	服务性劳动 （签字/盖章）	生产劳动 （签字/盖章）	其他活动 （签字/盖章）	实践教师评价 结果 优（＊次） 良（＊次） 合格（＊次）
第一学期					
第二学期					
第三学期					
第四学期					
第五学期					
第六学期					
综合评价（优、良、合格）					